O FASCISMO DA COR

Dados Internacionais de Catalogação na Publicação (CIP)
(Câmara Brasileira do Livro, SP, Brasil)

Sodré, Muniz
  O fascismo da cor : uma radiografia do racismo nacional / Muniz Sodré. – Petrópolis, RJ : Vozes, 2023.

Inclui bibliografia

3ª reimpressão, 2024.

ISBN 978-65-5713-799-4

1. Racismo 2. Racismo – Aspectos sociais 3. Racismo – Brasil I. Título.

22-124246   CDD-305.8

Índices para catálogo sistemático:
1. Racismo : Sociologia   305.8

Cibele Maria Dias – Bibliotecária – CRB-8/9427

MUNIZ SODRÉ

O FASCISMO DA COR

UMA RADIOGRAFIA DO RACISMO NACIONAL

EDITORA VOZES

Petrópolis

© 2023, Editora Vozes Ltda.
Rua Frei Luís, 100
25689-900 Petrópolis, RJ
www.vozes.com.br
Brasil

Todos os direitos reservados. Nenhuma parte desta obra poderá ser reproduzida ou transmitida por qualquer forma e/ou quaisquer meios (eletrônico ou mecânico, incluindo fotocópia e gravação) ou arquivada em qualquer sistema ou banco de dados sem permissão escrita da editora.

CONSELHO EDITORIAL

Diretor
Volney J. Berkenbrock

Editores
Aline dos Santos Carneiro
Edrian Josué Pasini
Marilac Loraine Oleniki
Welder Lancieri Marchini

Conselheiros
Elói Dionísio Piva
Francisco Morás
Gilberto Gonçalves Garcia
Ludovico Garmus
Teobaldo Heidemann

Secretário executivo
Leonardo A.R.T. dos Santos

Editoração: Maria da Conceição B. de Sousa
Diagramação: Raquel Nascimento
Revisão gráfica: Anna Carolina Guimarães
Capa: SGDesign

ISBN 978-65-5713-799-4

Este livro foi composto e impresso pela Editora Vozes Ltda.

SUMÁRIO

Prólogo – Homo americanus, 7

1 O nacional brasileiro, 37

2 Da estrutura à forma, 121

3 Contradição e ambiguidade, 177

4 A passagem ao ato racista, 223

Posfácio, 247

Referências, 269

PRÓLOGO

Homo americanus

No início da terceira década do século XXI, a questão racial irrompe no mundo como um tópico de primeiro plano e não mais como mera "contradição secundária" conforme diagnosticava uma histórica linha de pensamento, segundo a qual a relação de classe, principalmente aferida pela estrutura socioeconômica, esgotaria as relações caracterizadas como "raciais"[1]. Ou então, sustentava que o efetivamente importante é a análise de uma totalidade concreta em seu desenvolvimento contraditório, no qual o racismo figura como item problemático, porém menor dentro da luta anticolonial e posto à espera que primeiro se equacionem os grandes trâmites geopolíticos

---

1. Ao longo da década de 1970, podia-se ouvir o argumento de que o racismo brasileiro era "invenção de sociólogo americano". Seria provavelmente uma reação ao fato de que, logo depois da Segunda Guerra, uma missão sociológica da Unesco pusera em dúvida a suposição "panglossiana" de que o Brasil fosse um exemplo de harmonia racial para o mundo. Por outro lado, nunca esteve ausente da maciça divulgação cultural norte-americana a tese de que o racismo nos Estados Unidos seria uma questão secundária diante da amplitude institucional de seus valores democráticos.

de uma formação econômico-social qualquer. Até mesmo um ativista e pensador com grande relevância histórica como Frantz Fanon primeiro admitia que "o racismo não passa de um elemento de um todo maior: o da opressão sistematizada de um povo"[2], para então introduzir a pergunta sobre como se comporta particularmente um povo que oprime.

Entretanto, essa irrupção de agora é transnacional, e a sua caracterização como "superestrutural" não basta para delimitar o alcance conceitual do racismo. De um lado, o fenômeno reflete um aspecto do turbocapitalismo financeiro que enfatiza a preocupação corporativa com a redefinição da "ambiência" social (desde a preservação física do meio ambiente até as barreiras de cor e de gênero). De outro, um giro nos direcionamentos epistemológicos centrados nas coordenadas espaciais do Estado-nação.

Politicamente, o antirracismo aparece também como um sintoma da reaproximação epocal entre sociedade política e sociedade civil (historicamente separadas) ou então como reação indireta à degradação das instituições democráticas, que começa a afetar a percepção histórica dos próprios fundamentos civilizados ou ocidentalistas de certas formações nacionais. Mas é igualmente um ponto forte na massificação de novos valores (feminismo, ecologia, liberdade de gênero, autoexpressões minoritá-

---

2. FRANTZ, F. Racismo e cultura. *Por uma revolução africana – Textos políticos.* Zahar, 2021, p. 71.

rias), dentre os quais o antirracismo, desde a segunda metade do século passado.

Na Europa, ao mesmo tempo em que se generaliza o reconhecimento do racismo como um dos problemas centrais, assiste-se, entretanto, ao fortalecimento da direita ultranacionalista e extremista, com ênfase nas velhas obsessões antissemitas e antinegras, concomitante à agonia das percepções universalistas e das dicotomias que moldaram o sistema-mundo do passado. Isso é ainda mais nítido nos Estados Unidos, onde, após a tumultuada transição do Governo Donald Trump para o de Joe Biden (2021), elites intelectuais e colunistas de imprensa referiam-se, pela primeira vez, ao "supremacismo branco" como uma ameaça à democracia.

É que se tornou pública, depois de uma confidencialidade universitária de várias décadas, a Critical Race Theory (CRT), corrente de estudos empenhada desde os anos de 1970 em desmontar os mecanismos institucionais que ainda relegam os negros aos escalões inferiores da sociedade. Isso ocorre no quadro de uma política identitária mais incisiva em termos intelectuais, numa conjuntura histórica de alterações significativas na composição demográfica, que tem deixado à mostra um crescimento extraordinário da porcentagem de cidadãos não brancos na população americana. Não se trata apenas, portanto, de uma nova inflexão crítica de intelectuais, e sim da irrupção no presente do movimento social antirracista com potência renovada.

No país que modelou o sonho da democracia liberal e tem levantado a bandeira de sua universalidade, atualiza-se criticamente hoje a indagação de Samuel Johnson, um dos "pais-fundadores" (*founding fathers*) da nação, em 1775: "Como é possível que se ouçam de traficantes de negros os mais altos brados de liberdade?"

Liberdade é palavra-chave do universalismo liberal americano. Esses brados, que não incluíam escravos, ressoariam nos "acordos míticos da memória" – ou seja, a memória como acordo entre passado e presente, portanto, como horizonte do futuro – fontes de unidade e coesão interna, que Thomas Jefferson, redator da Declaração da Independência e terceiro presidente norte-americano, citava como decisivos para a transformação das treze colônias emancipadas em estados unidos. No movimento fundacional, a nação resultava da aliança militar e federativa dos estados, não de um pacto democrático da cidadania diversa. Efetiva mesmo é a diversidade republicana dos três poderes.

Emancipar-se da Inglaterra, portanto, não implicava emancipar os escravos importados desde 1619, embora essa ideia estivesse presente em algumas das consciências liberais ativas na movimentação da independência. É possível encontrar algo semelhante na luta cubana contra o colonialismo espanhol em meados do século XIX, quando o líder negro Antonio Maceo identificava independência com o fim do escravismo, em oposição aos setores ligados à burguesia colonial, que não relacionavam independência com abolição da escravatura. Também no Brasil oitocentista se dizia que o país era "escravo" de Portugal e que a liberdade viria com a independência, mas essa retórica repelia a ideia de libertação dos reais escravos.

Não há laivo explícito de escravismo nem de supremacismo na Constituição de 1787, essa dita "original", mas também não existe nenhuma garantia legal de civilidade diversa. O sistema de governo por ela criado focou-se apenas em "uma república, se puderem mantê-la", conforme as palavras de Benjamin Franklin, outro pai-fundador. À sombra de um constitucionalismo triunfante que colocava a esfera política num plano excelso, acima do social e do histórico, fundaram-se a nação e o racismo americanos. Antecipava-se o sonho de uma república segura e "civilizadora" de outras a qualquer custo – desejo inequivocamente paranoico de um governo global, conduzido por um Estado universal e homogêneo.

Olhado com uma espécie de continuidade do Sacro Império Romano-germânico, esse desejo pode ser chamado de "paneuropa", um dos nomes imperiais possíveis para a forma civilizatória europeia, que inclui os Estados Unidos ou "América", nome ideológico para a "regeneração" do velho mundo pelo novo. Imperial e messiânico, o discurso da americanização do mundo como destino (enunciado pelo Presidente Theodore Roosevelt em 1898) é uma marca de continuidade do Império Romano, com novo formato, diferente dos impérios coloniais que atravessaram a modernidade ocidental. Não à toa o território norte-americano fora também pensado por um de seus pais-fundadores como uma cena: "A América foi designada pela Providência para ser o teatro onde o homem deve atingir a sua verdadeira estatura"[3].

Já em pleno terceiro milênio, os Estados Unidos – apesar de todas suas graves crises econômicas e da perda progressiva da hegemonia simbólica sobre o mundo ocidental – continuam mantendo o que já foi designado como um "sistema imperial"; isto é, uma organização que vai além do próprio Estado na direção de uma estrutura transnacional com um centro republicano dominante e uma periferia dependente. Por isso, desde o século XVIII, noções como "união" ou "unidade", estritamente republicanas, sobressaem no léxico dos temores das elites intelectuais e políticas americanas. É que o "mantenimento" republicano corresponde a uma violência estrutural, desde o início manifestada na chacina das populações indígenas e nas conquistas militares externas e internas, em que se inclui o morticínio (cerca de 780 mil cidadãos) para a união dos estados conhecido como Guerra Civil Americana (1861-1865).

A Guerra Civil é um evento fundacional e inesgotável no plano do imaginário coletivo de um país que alcançou a sua unidade ideal e alavancou a produção capitalista por meio da combinação perfeita entre a potência para destruir (guerra) e para construir (trabalho). A exaltação

---

3. ADAMS, J. *Diary and Autobiography*.

vitalista da técnica que aparece na Europa no início do século XX é a mesma da guerra. Adequa-se esteticamente à modernidade industrial americana o espírito do *Manifesto futurista* de Marinetti (1909): "Queremos glorificar a guerra – a única higiene do mundo – o militarismo, o patriotismo, o gesto destruidor dos anarquistas, as belas ideias pelas quais se morre e o desprezo pela mulher". Isso era prenúncio de um fascismo não limitado à Itália. Nas entreguerras também ressoava na mentalidade conservadora alemã a apologia guerreira feita pelo famoso ensaísta Ernst Jünger: "Numa orgia furiosa, o verdadeiro homem se recupera de sua continência! Os instintos reprimidos durante muito tempo pela sociedade e por suas leis retomam seu caráter essencial, de coisa santa e de razão suprema" (em *A guerra, nossa mãe*).

Despercebida, mas total, a mobilização humana pela guerra é epidêmica em termos de trabalho, tecnologia, indústria, negócios e vida social.

Na realidade, há um laço de estrutura entre guerra e Estado moderno (entidades consubstanciais, na filosofia hegeliana), mas isso se oculta aos olhos públicos, na medida em que a violência pode ser sublimada ou transferida para a linguagem. O próprio da América, entretanto, é deixar patente a impossibilidade de um Estado pacífico, ainda que as suas guerras não sejam necessariamente ganhas, como se depreende dos humilhantes fracassos militares em determinadas intervenções (Vietnã, Afeganistão).

Mas a guerra permanente é a dimensão paranoica de um poder que, fascinado pelo próprio mito de origem, faz da violência a sua regra – combinada à dimensão perversa de um paradigma de uniformidade e igualdade, assegurado economicamente pelo capital, politicamente pela República e psicossocialmente por um desejo espacial de uniformidade, inclusive caracteriológica, implicada na medição "científica" do sangue por padrões de raça. Só alcançando a essência de todo poder, que é a negação do outro pela pulsão de morte, também implícita nas grandes realizações tecnológicas, o capital se perfaz como lei estrutural de organização do mundo.

Acrescente-se a dimensão religiosa: a força coesiva dos colonos-fundadores está na crença inalterável em um Ser Supremo guerreiro, o Deus bíblico do Antigo Testamento. Não é uma divindade a ser pensada como um transcendente sagrado, posto que a real transcendência se deslocou para o Dinheiro e para o Estado (*in Gold we trust*: realmente sagrada é a fé na possibilidade individual de enriquecer ou tornar-se próspero), mas sim como o magno senhor da guerra, implacável para com os inimigos de crença.

Crença significa (inclusive por etimologia, *kredh*) força vital, atributo que sempre esteve presente na consolidação comunitária de tribos e sociedades, mas sem qualquer relação de causalidade com um culto à guerra. É uma força interna que rege como uma espécie de "lei" o espírito americano, em analogia com o material presente, ao lado do narrativo, no Pentateuco (os cinco primeiros livros da Bíblia: Gênesis, Êxodo, Levítico, Números e Deuteronômio), onde se narra e se legisla (a lei resulta da aliança da divindade com o povo eleito) a vontade de Deus para Israel. Foi precisamente da tradição puritana do *Covenant* (a causa cívica como decorrência da obediência absoluta a Deus) que se inspiraram os pais-fundadores em fins do século XVIII.

Paradoxalmente, apesar desse fundamento mítico-religioso, o velho antissemitismo europeu foi acolhido pela matriz racial americana. Do Pentateuco provém igualmente, por duvidosa interpretação, a crença racista de que os africanos descendem de Canaã, ancestral amaldiçoado por Noé (Gn 10,15-18). É bíblica a regência social da "América Profunda", por uma forma de poder que se pode identificar – ao lado do *hard power* (economia, tecnologia e guerra) e do *soft power* (propaganda e entretenimento) – como *staying power* – ou seja, a capacidade de fixação e resiliência do fundamentalismo religioso dos brancos-saxões-protestantes – em que o Outro não encontra lugar estrutural. É uma regência com alcance interno (a discriminação antinegra e anti-indígena) e externo, como se comprova, por exemplo, no extermínio de um milhão de filipinos (o equivalente a 10% da população) pelas tropas invasoras americanas no início do século XX, a título declarado de "limpeza étnica".

O fervor belicista é um traço irretorquível da construção de uma nação globalmente grandiosa pelo proclamado pendor republicano-democrático, assim como pela notável sublimação da libido (pulsão vital) guerreira realizada por seu *soft power*. Sob todos os ângulos, *América* equivale a *power*; isto é, poder como força letal ou dissuasiva. Diz Susan Sontag: "Ninguém duvida da força dos Estados Unidos. Mas a força não é tudo de que uma nação precisa". O fato, entretanto, é que em 242 anos de democracia, a América viveu apenas 16 sem conflito armado: reflexo modelar do capital, o país é movido por um permanente estado de violência interno e externo, em que a segregação racial é um dos aspectos mais conspícuos.

A máquina tecnossocial criada pelo poder industrial- -militar é, no limite, uma economia de guerra, existencialmente transcrita pela sólida hegemonia interna que constitui a cidadania americana. No entrelaçamento fundacional de Estado, capitalismo e guerra, a socialização do indivíduo passa por sua identificação projetiva com uma pulsão de morte coletiva. Por isso, liberdade individual é popularmente concebida como posse de armas, o *ethos* público como exibição de vontade de poder; seja no plano civil – que aspira à igualdade de todos diante de seu próprio desejo –, seja no militar – que vive do planejamento lógico e tecnocientífico da força de dissuasão ou de contenção dos inimigos da república.

O equilíbrio republicano pauta-se por liberdade e igualdade. Mas convém atentar para a evidência histórica de que a liberdade fundacional no pacto federativo americano refere-se primeiramente aos estados; isto é, são "livres" para moldar republicanamente o sistema democrático, inclusive com dispositivos segregacionistas. Quanto à igualdade, é um conceito trabalhado primordialmente pela filosofia, pela literatura francesa e pelos movimentos de esquerda ao redor do mundo – igualdade como equidade política e judicial. Vale refletir sobre ela a partir de uma passagem relevante do francês Badiou:

> A igualdade é uma declaração, certamente situada num dado regime de desigualdade, mas que afirma efetuar-se em um tempo de abolição desse regime. Não é o *programa* da abolição, é a afirmação de que essa abolição se efetua [...] vê-se então que o exercício da igualdade é sempre da ordem das consequências, e nunca da ordem do que busca um fim. Causalidade, ou consequências, e não finalidade. Isto é essencial. O que se pode ter e o que se trata de organizar são as consequências da declaração igualitária, e não os meios da igualdade como fim[4].

Na verdade, um século antes de Badiou, já o pensador liberal e germanista brasileiro Tobias Barreto assinalava a incompatibilidade entre os dois célebres termos da Revolução Francesa:

---

4. BADIOU, A. *L´aventure de la philosophie française – Depuis les années 1960*. La Fabrique, 2012, p. 255.

[...] a liberdade e a igualdade são contraditórias e repelem-se mutuamente, não milita dúvida. A liberdade é um direito que tende a traduzir-se no fato, um princípio de vida, uma condição do progresso e desenvolvimento; a igualdade; porém, não é um fato, nem um direito, nem um princípio, nem uma condição; é, quando muito, um postulado da razão ou, antes, um sentimento. A liberdade é alguma coisa de que o homem pode dizer: eu sou! [...] a igualdade alguma coisa de que somente ele diz: Quem me dera ser! [...] A liberdade, entregue a si mesma, à sua própria ação, produz naturalmente a desigualdade, da mesma forma que a igualdade, tomada como princípio prático, naturalmente produz a escravidão[5].

Tobias Barreto não está se referindo aos Estados Unidos, mas a sua reflexão ajusta-se notavelmente à grande característica política desse país, que é a de tomar a igualdade como princípio prático entronizado pela Constituição, em que o primado da lei se confunde com o da liberdade. Desse princípio prático decorreria, para ele, a escravidão, mas também, pode-se acrescentar, a desigualdade estrutural, como bem viu em meados do

---

5. MENEZES, T.B. Um discurso em mangas de camisa. *Jornal do Recife* [1877]. Livraria São José, 1970.

século XX o economista Gunnar Myrdal, Prêmio Nobel em 1974, ao realizar um estudo sobre o negro americano. Myrdal chamou de "dilema teórico" o problema de utilização de uma metodologia baseada na igualdade para a análise de um grupo humano valorado como inferior diante da escala axiológica superior atribuída aos brancos[6]. Na verdade, como complementa Badiou, a igualdade, enquanto regime de existência coletiva num determinado tempo histórico – a afirmação de que "somos iguais" – depende de uma política de emancipação para se tornar real.

Ora, uma política emancipatória capaz de abranger brancos e negros é até agora impossível de se concretizar nos Estados Unidos, onde a segregação racial construiu-se como uma ideologia nacional pós-Guerra Civil (e não como mera continuidade discriminatória do escravismo) para amortecer o choque dos temores de classe social no sentido de que "a emancipação dos negros, com a demanda que ela trazia de igualdade de direitos civis e políticos, estivesse vindo minar a visão anterior de igualdade e de identidade do mundo branco"[7]. Como se infere, embora o Norte tenha sido militarmente vitorioso no conflito armado, o vencedor ideológico foi o Sul, onde a cor branca era socialmente representada como nobre ou superior. Assim, em 1896, a Suprema Corte dos Estados Unidos decidiu que

---

6. Cf. GUNNAR, M. *An american dilemma: the negro problem and modern democracy*. Harper & Brothers, 1944.

7. PIERRE, R. *La société des égaux*. Seuil, 2011, p. 214-215.

segregar brancos e negros não contrariava a Constituição: "segregados, porém iguais" era uma proposição aceitável. A igualdade republicana, portanto (pelo menos até 1950), é exclusivamente branca e estruturalmente bélica. Em outros termos, a república é o espelho do *ser* de um Estado nacional, mas o seu *vir a ser* pertence a outra dinâmica, que é aquela da livre movimentação democrática, assegurada pela organização das consequências republicanas – democracia e liberdades não se deduzem automaticamente de República. Na falta de uma política emancipatória, o jogo civil das afirmações desiguais de liberdade acaba deixando a descoberto que alguns cidadãos são mais livres e iguais do que outros – inexiste democracia moderna se existem cidadãos de segunda classe. Ou seja, na guerra que trava eventualmente com a sua própria cidadania, escudado na miragem de apenas uma declaração de igualdade, o Estado tira a máscara de protetor das liberdades democráticas.

Historicamente, as diretrizes republicano-federativas de igualdade acabaram predominando sobre a radicalidade democrática: a exclusão de uma parte importante da cidadania – negra, uma "falha" imaginária na uniformidade étnica originária – cimentou a coesão cívica ou hegemonia interna, que é forte nos Estados Unidos: "uma nação de colonos brancos". Essa exclusão, que tivera marco inicial na independência, reeditou-se após a Guerra Civil, quando a anunciada *Reconstrução* (breve período de vigência da igualdade civil, entre 1865 e 1867) foi primeiro solapada pela violência da *White League* (uma coalizão terrorista responsável por massacres e sabotagens dos direitos civis de ex-escravos), depois pela "liberdade" federativa e o acordo conciliatório com as velhas oligarquias sulistas, formuladoras das leis de segregação racial.

O racismo é, assim, central na vida política e social da América, como pilar de sustentação – à imagem de um edifício "cimentado" pela consciência antinegra – e consagração da etnia que se proclama "original" e que acredita numa civilização "hereditária", assegurada pelas leis de um Deus branco, como no Pentateuco, e pela história de conquistas armadas. Como mecanismo básico de coesão da "aliança" fundadora, o racismo supõe religiosamente uma vítima sacrificial, escolhida fora do pacto originário. É, no limite, a base do estado de guerra interno ou da construção metafísica de um eterno "inimigo" da uniformidade paranoica, que será sempre o Outro, particularmente o negro: é como se a sociedade civil, depois ter neutralizado os povos originários, fosse organizada de modo a se "defender" dos descendentes de escravos.

Daí deriva uma razão de Estado etnocrática, à sombra de estatuto ideal de igualdade, eternamente à espera de "reconstrução" político-social-emancipatória. A democracia resultante, apregoada como modelo universal, é internamente perversa. A *leucocracia* (poder do privilégio branco), que é uma etnocracia exercida por segregação de direito e de fato, vigorou em aberto até a metade do século passado, sob a égide de um lema absurdo – *separate but equal*, "separados, mas iguais" – embora constitucionalmente amparado. São patentes os três sistemas de inscrição do *leucon*: "*O saber que descreve*: textos eruditos e de propaganda; *o poder que prescreve*: leis, decretos, medidas; *as massas que transcrevem*: senso comum, rumores"[8].

Na prática, algo como se o sujeito de pele clara dissesse: esse "outro" está entre nós, mas não é um de nós, e o impasse se resolveria por separatismo, a partir de uma linha de diferença sanguínea ou subdermica estabelecida pelo sistema chamado *Jim Crow*, que vigorou até 1963: o outro não é "um de nós", mas é alguma coisa – negro, hispano etc. – desde que mantida a distância física e hierárquica. Num país de imigração ativa, a coesão social não se pauta por um *nós* ou um comum nacional, e sim por um pluralismo de comunidades regido pelos princípios e valores da etnia fundadora – que é anglo-saxônica, branca e cristã – assim como pela política paroquial dos estados.

O que se poderia chamar de "comum" é o paradigma existencial da concorrência capitalista, *socius* germinal da solidão de massa e matriz psicossocial de uma consciência binária (ganhadores/perdedores), onde cada matança em série, de negros ou brancos, define-se como uma afirmação perversa da violência constitutiva de uma moderna sociedade republicana espiritualmente fundada em guerra.

8. KORINMAN, M.; RONAI, M. Le modèle blanc. In: CHATELET, F. *Histoire des Idéologies – Savoir et pouvoir du XVIIIe. au XXe. siècle*. Hachette, 1978, p. 260.

Há exemplos flagrantes de orquestração da violência antinegra em momentos diversos da história americana, mas se revelou marcante o período entre fins do século XIX e primeiras décadas do século XX. Assim é que, em 1898, Wilmington (Carolina do Norte) foi palco de um golpe supremacista que destituiu a administração negra da cidade. A prosperidade econômica e social da comunidade afrodescendente incomodava de tal modo a população branca que para esta se tornou imperativo articular a neutralização política e administrativa do controle majoritário obtido por negros.

Mas um massacre de população negra como o ocorrido em Tulsa, Oklahoma (31/05/1921), pode ser tomado como paradigma da guerra racial interna: devido a um incidente equívoco, parte da população branca da cidade fez terra arrasada de um bairro próspero (Greenwood, conhecido como Wall Street negra), com o auxílio de seis aviões que despejavam bombas incendiárias, destruindo 34 quarteirões e matando mais de uma centena de pessoas, inclusive mulheres e crianças.

Reinterpretando-se os termos da apologia guerreira de Ernst Jünger, "os instintos reprimidos retomaram por um dia o seu caráter essencial". O chamado "massacre de Tulsa" permanece na história americana como um tenebroso e inexplicado episódio de síntese do racismo antinegro, mas também como modelagem de um virtual genocídio interno, que historicamente já tinha sido perpetrado contra os povos ameríndios: o extermínio de 50 milhões de búfalos nas pradarias do Oeste (romantizado pelo *soft power* nos *westerns* ao estilo de Buffalo Bill) era apenas parte da estratégia militar que orientou as *Guerras Indígenas* (1609-1924), ou seja, aniquilar pela fome a insurgência originária. Ao mito expansionista do faroeste corresponde hoje a persistente ideologia da expansão branco-americana sobre o resto do mundo.

Maior potência militar e econômica do planeta, a América pode proclamar-se como líder ocidental do primado da lei, da democracia, da propriedade privada, do livre-comércio, do pluralismo de opiniões e de todas as liberdades reputadas como naturais, mas ao mesmo tempo como senhor essencial da guerra, que é um fenômeno germinal, em graus de intensidade diferentes, em toda e qualquer organização estatal moderna. Considerando-se a raridade da realização democrática no mundo, a democracia americana passa como modelar, a despeito de sua hipocrisia, uma vez que as instituições republicanas operam, por meio de complexas ritualizações jurídicas e eleitorais, uma maquiagem das desigualdades cívicas, de fundo racial. Aliás, hipócrita ou mentirosa, uma vez que a liberdade apregoada está fundada num falseamento básico, metafísico ("todos são igual e institucionalmente livres"), destinado a encobrir a verdade da guerra como sustentáculo perene da república.

A dinâmica institucional ganha, assim, maior peso republicano – logo, a estabilidade de uma estrutura de *pax romana* assegurada pela União – do que "democrático" no sentido amplo e convulsivo da palavra, que implicaria instabilidade das posições de mando por circulação das elites étnicas. A chamada *democracia jeffersoniana* (a partir do nome de Thomas Jefferson, terceiro presidente americano), que preconizava oposição radical à aristocracia e à primazia do mercado, sempre foi uma ideologia republicana. Partido Democrata Republicano era o nome do partido de Jefferson. Na América, todo ex-presidente (exceto Donald Trump, o único dirigente americano acusado de sedição antidemocrática) continua a receber informações sigilosas graças a uma tradição de "confiança republicana".

Entretanto, democracia, ao contrário de república, não se sustenta na unidade da guerra, mas num pacto implícito de convivência civil. É fenômeno agonístico, sim, porém no sentido de luta por polêmicas. É abertura de possibilidades coletivas. Não apenas regime de governo orientado pela igualdade formal dos cidadãos perante leis, e sim forma de vida guiada por um princípio aglutinador das diferenças sociais, que desde o século XVIII começou a ser chamado de "povo". Não é, portanto, apenas reconhecimento do outro como um *igual*, e sim como um diferente aceitável em sua imprevisibilidade individual e grupal. Democracia implica sistema aberto e, em princípio, mais frágil, por necessariamente comportar pluralismo e "conflitualidade", logo, a indeterminação de posições.

Mas o formalismo estável da república americana, assentado igualmente na força planetária da economia,

25

comporta as muitas possibilidades liberais-democráticas de que *indivíduos* pertencentes a minorias tenham acesso a parcelas de ascensão social e de poder. Daí a virtual formação de setores abastados de classe média negra e uma certa expansão da representatividade societária, abrigadas numa ideologia das "oportunidades", que celebra o "excepcionalismo" americano, seja o sonho do êxito individualista liberal, seja a difusão da imagem de uma utopia democrática realizada.

Embora os partidos políticos jamais tenham feito esforços no sentido da legitimação de negros – que, no entanto, obtiveram o direito de voto desde 1871 – tornou-se possível eleger um presidente negro, como foi o caso de Barack Obama, ou uma mulher negra, Kamala Harris, como vice-presidente da república. Ou seja, o excepcionalismo comporta uma representatividade elástica. Isso repercute como adequada "tonalidade afetiva" no estilo de governo e como novas inflexões possíveis no interior da movimentação democrática e antirracista. As tonalidades do poder identificadas como "duras" alternam-se com as "brandas", permitindo a avaliação civil do espírito do tempo. Por isso, é possível formular avaliações não propriamente político-ideológicas sobre os grandes partidos, a exemplo do Partido Republicano, apontado como um caso inequívoco de decadência moral: apoiado no eleitorado rural, ele foi passando aos poucos do centro-direita para a extrema-direita e abandonando qualquer perspectiva ético-política.

A alternância do poder federal pelo voto historicamente bipartidarista (um sistema convoluto, regido por um colégio eleitoral que não representa de fato o voto popular), é também capaz de alternar a orientação da economia (monetarismo ou keynesianismo), como demonstrou Joe Biden logo após chegar ao poder, aspirando a fazer história liberal com uma espécie de "Doutrina Biden" incipiente, que anunciaria o fim da ortodoxia econômica e a retomada da política de bem-estar social.

Mas qualquer vontade de restauração do *New Deal* (Franklin D. Roosevelt) ou da *Great Society* (Lyndon B. Johnson), pontos altos do liberalismo americano, passa ao largo da cruel estrutura hierárquica das "castas" raciais, conforme ressoa em um ditado deles: "A única coisa que aprendemos com uma nova eleição é que nada aprendemos com a última". Senão, talvez, o conhecimento de que o voto muda apenas o estilo de adaptação do poder à ficção de uma "sociedade sem classes", outro nome para uma sociedade em que a escolha político-partidária é, no limite, ideologicamente irrelevante.

Uma maneira menos "sociológico-jornalística" de se debruçar sobre essa mesma questão aparece em Baudrillard, crítico notável da cultura pós-moderna, mas fascinado pelos Estados Unidos (chamado simplesmente de "América", outra maneira de dizer "o poder norte-americano"), que considerava um país extraordinário, por fazer coexistir o colosso tecnológico e industrial com os desertos como formas sublimes de afastamento de toda socialidade e sentimentalidade ou como paisagens sem disfarces do inumano, daquilo que ele vê como "indiferença crua a toda cultura".

Deste modo, "América" é o seu verdadeiro campo de pesquisa ou de observação de uma hegemonia mundial à base da simulação radical dos valores universais, da paródia dos sistemas de representação e da própria onipotência militar. Isso significa "poder", não como uma realidade crível, mas como "uma configuração virtual que absorve e metaboliza em seu benefício qualquer elemento. Pode ser feito de inúmeras partículas inteligentes sem mudar nada de sua estrutura opaca – é como um corpo que muda de células sem deixar de ser o mesmo"[9].

Essa configuração seria o segredo da América, exposto em seus paradoxos:

> Assim, logo cada molécula da nação americana, como por transfusão de sangue, terá vindo de outra parte. A América terá se tornado negra, índia, hispânica, porto-riquenha, sem deixar de ser a América. Ela será tanto mais miticamente do que "autenticamente" americana. E tanto mais fundamentalista quanto não tiver mais fundamento (se é que já teve algum,

---

9. BAUDRILLARD, J. *Carnaval et cannibale ou le jeu de l´antagonisme mondial*. Éd. de l'Herne, 2004, p. 276.

posto que até mesmo os pais-fundadores vieram de outra parte). E tanto mais integrista quanto se tiver tornado, nos fatos, multirracial e multicultural. *E tanto mais imperialista quanto for dirigida pelos descendentes de escravos.*

A especulação é contemporânea de Ronald Reagan que, segundo a crônica jornalística, acreditava piamente na realidade da América dos filmes de John Wayne e do ingênuo jeito de viver americano ilustrado em revistas por Norman Rockwell. É, portanto, anterior aos governos de Clinton, Bush, Obama, Trump e Biden, mas se mantém válida no que diz respeito à inalterabilidade republicana do "corpo" nacional americano, apesar da alternância cíclica do binarismo partidário, em que o voto popular e democrático apenas reforça miticamente a simulação de mudanças.

Aliás, a crítica é ferinamente profética quanto ao "imperialismo" conduzido por descendentes de escravos: o governo do democrata negro Barack Obama, formalmente mais civil ou "ocidentalizado" do que o do antecessor George W. Bush – que deixou em ruínas o Iraque – foi tão "guerreiro" ou exterminador de lideranças revoltosas no Oriente Médio quanto qualquer presidente republicano de linha dura. O comando rotineiro da execução de adversários políticos por drones foi característico do governo Obama, por ele próprio reconhecido como um incontornável fato presidencial – tanto que se intensificou com Trump e, depois, com Biden.

Esse é o fato permanente da *Real Politik* americana, uma espécie de paz belicista – conjugação do paroxismo guerreiro, escudado nas oligarquia do complexo militar-industrial, do complexo do gás, petróleo e mineração e do complexo bancário-financeiro – em que se faz corriqueiro o assassinato de inimigos políticos em qualquer parte do mundo, assim como a intervenção armada a depender das circunstâncias. Manter o mundo em guerra é um fato conexo à dependência dos fornecimentos americanos. A menos de um mês já empossado na presidência da república (2021), Joe Biden ordenou um bombardeio americano na Síria. De um modo mais largo, parece haver um pacto estrutural de guerra entre as classes dirigentes americanas, com definições não apenas industriais e externas, mas também ideológicas no sentido de que funciona como um macro-operador ontológico da distinção entre seres humanos imperiais e seres vassalos. Internamente, o suposto "genótipo" negro é um marcador de vassalagem.

Nesse pacto estrutural, republicanos e democratas são praticamente a mesma coisa. O peso da diferença recai sobre a "tonalidade afetiva"; isto é, sobre o estilo de liderança ou de governo: no caso dos democratas, hoje mais permeável às variáveis democráticas sem, no entanto, esquecer que os abolicionistas do século XIX eram republicanos. A diferença não é propriamente ideológica, mas de variações no estilo de condução da guerra externa e de *sensibilidade* interna a questões como saúde, justiça e educação, reveladoras de desigualdades sociais. Não há como associar o barbarismo partidário de Donald Trump à civilidade democrata – isso que a esfera pública americana designa como *comity* – de líderes como Barack Obama e Joe Biden.

Tudo devidamente computado, a negritude física de Obama, como ele próprio admitiu ao fim de seu mandato, em nada contribuiu para alterar a composição das castas raciais em seu país. Pelo contrário, registraram-se fortes indicações de exacerbação do preconceito. A persistência dessa dominação supremacista escapa às análises pós-modernistas de natureza culturalista ou filosófica, atentas à retórica autopublicitária do igualitarismo americano, mas de certo modo indiferentes às suas assimetrias objetivas, particularmente as raciais.

A palavra "casta" – antitética à imagem de uma formação social caracterizada por explícitas diferenças de classe – se justifica como ideia de uma categoria racial estanque ou de uma hierarquia escravista, quase religiosa, profundamente arraigada nas formas de vida e nas consciências, corroborando a suspeita hoje criticamente levantada de que o racismo antinegro esteja no próprio DNA da América. Embora seja um fenômeno com maior força explícita no Sul, de memória coletiva escravista, a sua incidência é nacional, como um tipo de afecção comum à cidadania hegemônica, que é caucasiana.

Na sintomática invasão do Capitólio (sede do Congresso Americano) por extremistas de direita em janeiro de 2021 – concretamente, um acontecimento mais semiótico do que militar *stricto-sensu* – foram conspícuos a bandeira dos Confederados e, ao lado, um nó de carrasco, semelhante ao usado para enforcar negros no passado. Trata-se da semiose característica do período em que a proliferação de estátuas de generais confederados em praças de cidades do Sul coincidia com os linchamentos de milhares de afrodescendentes por acusações de estupro e outros pretextos. A expressão *nigger-knocking* (bater em negros) designa uma tradição sulista.

Melhor do que qualquer tratado, uma canção famosa na voz de Billie Holiday – *Strange Fruit*, 1936, de Abel Meerepol, eleita pela revista *Time* como "a canção do século" – faz a síntese trágica do trauma histórico de linchamentos:

> *Southern trees bear a strange fruit*, (árvores do Sul carregam um fruto estranho) / *Blood on the leaves and blood at the root* (sangue nas folhas e sangue na raiz) / *Black bodies swinging in the southern breeze* (corpos negros balançando na brisa do Sul) / *Strange fruit hanging from poplar trees* (estranho fruto dependurado em álamos).
>
> *Pastoral scene of the gallant South* (cena pastoral do Sul galante) / *The bulging eyes and the twisted mouth* (os olhos fora das órbitas e a boca contorcida) / *Scent of magnolias, sweet and fresh* (perfume de mag-

nólias, doce e fresco) / *Then the sudden smell of burning flesh* (então o fedor súbito de carne humana queimada). *Here is the fruit for the crows to pluck* (eis o fruto para corvos arrancarem) / *For the rain to gather, for the wind to suck* (para a chuva colher, para o vento tragar) / *For the sun to rot, for the trees do drop* (para o sol fazer apodrecer, para as árvores deixarem cair) / *Here is a strange and bitter crop* (eis uma safra estranha e amarga).

É sabido que o mero olhar (ou mesmo um suposto olhar) de um homem negro para uma mulher branca na rua poderia desencadear um linchamento. Foram vários os casos dessa natureza, dentre os 2.812 linchamentos de homens negros computados entre os anos de 1885 e 1915. São dados típicos do Sul e certamente insólitos no Norte dos Estados Unidos. Assim é que, no ano de 2020, em Nova York, mais precisamente no Central Park, uma jovem que passeava com seu cachorro denunciou à polícia um homem negro que a estaria filmando com uma câmera – uma espécie de tradução do clichê sulista "um negro olha uma branca". A infâmia não resistiu à prova tecnológica, a moça não era o objeto da filmagem: por falsa denúncia à polícia, acabou perdendo o emprego e sendo submetida a um programa de reeducação.

A distância entre o Sul dos enforcamentos e o Norte da correção judicial não é apenas espaçotemporal. No que se refere à violenta passagem ao ato em episódios racistas, o Norte sempre foi mais civil–republicano do que o Sul, onde a violência policial contra negros apoia-se até hoje em conluios implícitos com o sistema judicial. Mas a generalidade das situações tem deixado evidente que a existência de "burguesias negras", no passado escravocrata ou no presente liberal e antirracista, não altera substancialmente a barreira existencial da cor. Se individualmente "a guerra é o veneno do ódio na veia" (Martin Luther King), o racismo é coletivamente a presença da barbárie guerreira no sangue civilizatório.

O episódio da jovem branca no Central Park é, assim, o índice eloquente da persistência do velho "espírito" sulista em qualquer parte do território americano; isto é, a inevitabilidade do racismo. A crença na supremacia da cor é tão absoluta quanto a crença no exclusivismo do Antigo Testamento e no Oeste branco como Destino. O fervor místico da brancura está no cimento armado do *staying power* da etnia fundadora ou *quakers* (pretensos restauradores da fé cristã, derivados do protestantismo britânico do século XVII). Entre esse espírito e o da guerra, não há distância significativa: "Um *quaker* pacifista é um homem morto", diz um personagem de ficção americana.

É dramática em vários planos a profundidade da afecção racista na sociedade americana. A cor da pele é o índice imediato para o ato discriminatório, mas não se trata apenas de fenótipo e sim de genótipo, portanto, de raça, apesar da prova biológica em contrário. Em termos morfológicos, *o racismo americano é epidérmico e subdérmico*. Por um lado, visa a cor da pele, a tal ponto que, tempos atrás, as afrodescendentes experimentavam cosméticos de clareamento da pele, para evitar ataques nas ruas ou melhorar as perspectivas de emprego.

Por outro lado, é uma fantasia mítica e ideológica em torno do sangue, daí a *one drop rule*, em que uma única gota de sangue "negro" caracterizaria a diferença "racial". Mítica, porque deita raízes (bíblicas) na maldição de Noé – não há talvez nada mais primitivamente cristão do que o racismo, cujo molde moderno é, aliás, o antissemitismo cristão. Mas também uma fantasia ideológica, porque compõe a estrutura de dominação de classe social.

Por isso, a condenação de um policial branco (em 2021) pelo assassinato bárbaro de um cidadão negro (George Floyd) não foi um mero fato de correção judicial, mas apenas um índice positivo na continuidade da longa luta coletiva por equidade existencial. Talvez seja possível pautar o movimento cívico pelo advento de uma "Era pós-George Floyd". Sem grandes tintas otimistas, porém: no mesmo dia da condenação, outro negro foi assassinado por policiais. Ou então, no mesmo mês, mais de uma dezena de deputados republicanos votaram contra uma lei destinada a instituir a data de 19 de junho como feriado celebratório da abolição da escravatura.

O racismo continua a ser a sinalização constante para a evidência de que o *excepcionalismo* (um padrão único de excelência e normalidade existenciais) apre-

goado como virtude básica da América é tão-só uma
questão de crença puritana, ao modo da *fervent pra-
yer* ("prece fervorosa") conclamada no hino *God Bless
America*.

I
O NACIONAL BRASILEIRO

Muito diferente do americano é o caso do Brasil, marcado por baixa cultura republicana, ou seja, por mediações sociais mais "familiais" (relações de parentesco, compadrio, amizade e cooptação grupal) do que legais. A transição histórica foi "proclamada" por militares – tributários das forças terrestres portuguesas, por sua vez dependentes da potência armada inglesa – tornados republicanos de curta data. Na verdade, uma espécie de vanguarda ao atraso, ou seja, a guarda palaciana do Império convertida em guarda constitucional: os mesmos que antes coonestavam a tortura dos escravos e que quase exterminaram a população paraguaia em nome do imperador. O Império deu lugar a uma República de Fazendeiros.

País territorialmente segmentado e controlado por oligarquias latifundiárias, não houve aqui um pacto fundacional dos estados, e sim uma transformação multissecular da empresa colonial das origens – realizada por latifúndio monocultor e regime escravista, no lugar de Estado – em território nacional. Estas são linhas gerais da tese de Caio Prado Jr. em *Formação do Brasil contempo-*

râneo (1942), uma síntese historiográfica razoavelmente consolidada na literatura dos intérpretes do Brasil. Rejeitando as hipóteses marxistas de feudalismo ou semifeudalismo na formação econômico-social brasileira, Caio Prado identifica traços peculiares no desenvolvimento do país, em que se impõe a exploração rural de tipo colonial (voltada para o mercado externo) conduzida pela família patriarcal, escorada em relações escravistas de trabalho, à sombra da Igreja Católica e do Império[10].

É corrente o dito de que o Império deu ao país o Estado-nação (povo, não). Originalmente, entretanto, nada de Estado, nem de nação, nem de república, e sim a "empresa Brasil", que foi sempre um negócio muito lucrativo, primeiro (séculos XVI e XVII) devido à exportação do açúcar e depois graças ao diamante e ao ouro. A "empresa" não foi exclusivamente lusa, já que o Nordeste e seu açúcar foram explorados até meados do século XVII pelo capital holandês da Companhia das Índias Ocidentais. Mas a palavra *brazileiro* (com este sufixo designativo de atividade profissional) designava originalmente o português que vinha fazer negócio ou enriquecer no Brasil à custa da riqueza da terra e da mão de obra escravizada.

Essa modalidade de constelação territorial/nacional é verificável em vários espaços coloniais do passado,

---

10. Cf. PRADO JR., C. *Formação do Brasil Contemporâneo (Colônia)*. Brasiliense, 1976.

mas pode ser comparada a outras no presente histórico, a exemplo de países europeus administrados como se fossem empresas ou "enclaves de negócios" (bancos, principalmente) por oligarquias financeiras em conluio com o Estado. Por trás disso tudo, uma oligarquia armada, vocacionada para a militarização da sociedade e para a tutela da vida republicana.

Mas o que era "empresa Brasil" para os agentes estrangeiros que comercializavam os produtos brasileiros, não era internamente nenhuma empresa, e sim um domínio (econômico e oligárquico) chamado "engenho" ou "casa-grande" (versões nordestinas da *plantation* americana). Não reinava aí o espírito burguês que caracterizaria a cidade, e sim o ânimo fidalgo ou senhorial de quem detinha poder de vida e de morte sobre a mão de obra escrava atrelada à produção açucareira. A palavra "empresa" poderia ser mais tarde, depois da Independência, aplicada à fazenda cafeeira do oeste paulista, quando o cafeicultor se liga de forma dependente ao poder financeiro da burguesia urbana. Nessa modernização, com inequívocas tintas liberais (apesar das interpretações sobre "ideias fora do lugar"), o passado escravista continuaria ideologicamente mais forte do que o ambíguo presente.

Assim, a transição da economia agropecuária com população rural ao capitalismo industrial com população urbana deixou parcialmente intacta a condição servil do negro, que era antes verdadeira moeda de troca numa sociedade assim descrita: "Do senhor da grande fazenda (numerosa escravaria) pode-se chegar até a viúva que tem um único escravo, o qual aluga para viver. Todos os que podem, têm escravos, da Igreja ao liberto"[11]. Em *Memórias póstumas de Brás Cubas*, Machado de Assis eterniza como personagem conceitual a imagem do escravo Prudêncio que, uma vez libertado, organiza a sua poupança por meio da compra de um escravo.

Integra a história nacional, como um vício de fundação, a transmissão do poder e da riqueza concentrada entre famílias, compadres e aliados. Primeiramente, a casa-grande, com senzala e tudo, é o Estado. E isso se depreende até mesmo de análises muito conservadoras, como a de Oliveira Vianna, que observava: "Os senhores de engenho não constituíam um onipotente legislativo: tinham de desdobrar-se em executivo". Com exceção da Bahia, a Independência transcorreu sem derramamento de sangue, deixando inalterada a composição colonial das elites dirigentes e o espírito escravista. Advinda a República, o Estado configura uma casa-grande sem senzala visível. Isso é o que se tem chamado de *patrimonialismo*, exaustivamente analisado por Raymundo Faoro. O regime republicano foi instaurado para assegurar a continuidade do ciclo patrimonialista de apropriação de riquezas e poder sob as novas condições do capitalismo industrial.

---

11. LESSA, C. A longa marcha pela construção da cidadania. *Enciclopédia da Brasilidade*. Casa da Palavra/BNDES, 1988, p. 14.

Até começar a ser modernizado por influência dos militares franceses a partir da década de 1920, o poder armado permanecia como uma espécie de "necrorreserva" de garantia do *ethos* escravista do passado. Assim, proclamada por golpe como uma maquiagem de coisas velhas, a República abriu caminho para uma federação supostamente nova, que apenas consolidava os direitos das oligarquias estaduais. Conjugando pátria a patrimônio no tempo do pretérito – portanto, acomodando o aparelho de Estado à oligarquia das famílias – a República já nasceu Velha.

Enquanto a Abolição tinha sido uma etapa prevista no processo capitalista de desmontagem da estrutura colonial (e ingresso no circuito neocolonialista britânico) –, a República, embora também muito debatida, foi um fato de última hora, de cima para baixo. A tal ponto que a população do Rio de Janeiro confundiu a proclamação com desfile militar, e os negros temeram que pudesse se tratar da restauração do escravismo. No Maranhão, chegou a haver massacre de negros favoráveis à continuidade da monarquia. Não era um temor absurdo, pois havia precedentes históricos: Em 1802, Napoleão Bonaparte restaurou, nas colônias francesas, a escravidão que tinha sido abolida em 1794; em 1856, o presidente da Nicarágua (William Walker, um aventureiro e pirata americano que tinha tomado o poder) simplesmente revogou a abolição da escravatura, datada de 1824.

Aqui não se restaurou evidentemente essa forma de produção, mas se preservou um modelo duplo de dominação político-social, que combina o autoritarismo da custódia militar com o patrimonialismo ou sistema de poder baseado em relações de família e compadrio. Sem qualquer projeto político republicano igualitário, a Proclamação foi o passo formal para a apropriação do Estado pelos donos da terra, ou seja, para a certeza de continuidade do controle oligárquico das organizações estatais e das instituições da sociedade civil.

O primeiro Congresso Constituinte Republicano (1890/1891) acolhia retoricamente a ideia de que a igualdade cidadã deveria prevalecer sobre os privilégios sociais, porém isso era, uma vez mais na história, conversa liberal "para inglês ouvir". Aos negros já tinham sido negadas desde a Lei das Terras (1853) as possibilidades de acesso à lavoura autônoma, mas o fenômeno estendeu-se de outras formas até os imigrantes brancos, convertidos em assalariados, posseiros ou trabalhadores eventuais, uma vez que não interessava aos fazendeiros nem mesmo aos governantes a generalização da pequena propriedade. O poder senhorial continuou a ser exercido como uma herança de formas tradicionais de mando e privilégio. Disso, fenômeno marcante é a figura do "coronel" nordestino, um misto de autoritarismo com senhorialidade (ou "mandonismo"), que pode ser lido como um traço psicossocial da fusão imaginária da força armada com o poder fundiário, portanto, da permanência de um aspecto da forma escravista.

A senhorialidade é a expressão externa da desigualdade racial e social, assegurada pela forma escravista.

É uma combinação que lastreia a peculiaridade da dominação racial, colando patriarcado a capitalismo. Na baixa cultura republicana consequente, não há nenhum caminho igualitário das *possibilidades* de acesso às vias de mobilidade social. A solução de compromisso brasileira (transigente, uma vez que o separatismo não entrou no ajuste civilizatório), proclama a igualdade social do afrodescendente, mas sem derrubar as barreiras à ascensão social nem reconhecer o negro como singular, como um cidadão dotado de fala própria. A cor branca é conotada como uma prerrogativa. E isso se mede pelo "desigualitarismo"; isto é, pelo poder de recusa da medida igualitária da cidadania. Real ou virtualmente, o cidadão pleno é um parente ou um compadre no interior de um círculo de reconhecimento social.

Em termos muito sumários, pode-se dizer que, até a Abolição, a sociedade brasileira era composta pelos protagonistas do "descobrimento" (portugueses, africanos e indígenas, principalmente, além de outras eventuais nacionalidades), enquanto, após o fim da escravatura, se poderia chamá-la de sociedade do "encobrimento", no sentido de uma formação social orientada para o apagamento do que houve antes.

Na sociedade escravista, o racismo era uma tecnologia de poder declarada ou visível, cujo arcabouço consistia em um tríptico de estigmatização/discriminação/segregação, *estruturalmente* ou *sistemicamente* inscrito em leis e fatos normativos. Ou seja, não era um fenômeno ideologicamente dependente apenas de doutrinas e discursos, uma vez que estava "naturalizado" pelo arcabouço colonial. A sociedade pós-abolicionista empreende a transição para a modernidade requerida pelo capitalismo industrial (um período que vai da Proclamação da República até a meia década posterior à Segunda Grande Guerra), mas sem abolir cultural ou simbolicamente esse arcabouço, que foi, sim, uma estrutura colonial. A racialização pós-abolicionista era uma estratégia endocolonial de construção de fronteiras sociais internas, ideologicamente respaldada por saberes pseudocientíficos sobre a inferioridade antropológica do negro, assim como por interesses econômicos, no sentido de atribuir menor valor salarial à sua força de trabalho como homem livre. Pode-se vislumbrar correspondências entre esses propósitos e os do fascismo emergente na Europa. O racismo passa a funcionar como estratégia de hierarquização social dentro de uma cadeia de continuidade que se pauta por novas regras.

No entanto, aquela mesmo lógica explicativa da sociedade escravista é teoricamente deslocada para o racismo contemporâneo, como o faz Almeida: "O racismo é decorrência da própria estrutura social, ou seja, do modo 'normal' como se constituem as relações políticas, econômicas, jurídicas e até familiares, não sendo patologia social nem um desarranjo institucional"[12]. Daí, para ele,

---

12. ALMEIDA, S. *Racismo estrutural*. Coleção Feminismos Plurais. Ed.

derivam-se três concepções ou modalidades: individual (racismo e subjetividade), institucional (racismo e Estado) e estrutural (racismo e economia).

De fato, na tradição do pensamento, estrutura ou sistema designa solidariedade dos elementos de um conjunto, assim como derivação funcional de cada um deles, por sua vez articulados a uma totalidade que, no caso das relações humanas, pode ser designada como "organização". Estado e economia articulam-se por deliberação racional para organizar a dimensão extrínseca do poder, ou seja, o *mandar fazer* alguma coisa. Aquilo a que normalmente damos o nome de "estrutura social" ou "sistema social" é a organização de relações econômicas, políticas e intersubjetivas em termos societários, portanto, uma mediação simbólica estável, com princípios coerentes: as posições de deveres e direitos ocupadas pelos indivíduos no interior da sociedade inter-relacionam-se de forma cristalizada na legislação e nas convenções políticas. O *apartheid* sul-africano – uma transfiguração jurídico-política do espírito multissecular dos huguenotes holandeses pelos *bôers* – foi estrutural ou sistêmica assim como a segregação racial americana, herdada dos colonos-fundadores.

No caso brasileiro, é forçoso ponderar que um *efeito* estrutural não é exatamente estrutura, mas elemento de uma *forma*, que eventualmente pode revelar-se estruturante. Isso fica mais nítido quando se olha para a liturgia

Sueli Carneiro/Pólen, 2019.

afro-brasileira (o candomblé) como uma resultante da forma cultural africana, nos termos de Oliveira:

> O conceito de forma cultural vai além do conceito de estrutura, pois ela não é apenas um conjunto de elementos que estruturam um sistema; ela é a possibilidade de existência do sistema. Não é, com certeza, um conceito apriorístico ou metafísico. É mais a expressão conceitual de uma experiência coletiva que soube sobreviver na história de seus cismas e crises, atualizando seus elementos, criando suas categorias e inovando em suas expressões[13].

No interior da forma, operam processos de subjetivação, que são modos regulatórios – de natureza institucional e não necessariamente deliberados – da formação de um "comum" social.

É essa ideia de um comum na forma que preside à concepção de Darcy Ribeiro sobre o povo brasileiro, por ele visto como uma "etnia nacional". Diz:

> Conquanto diferenciados em suas matrizes raciais e culturais e em suas funções ecológico-regionais, bem como nos perfis de descendentes de velhos povoadores ou de imigrantes recentes, os brasileiros se sabem, se sentem e se comportam como uma

---

13. OLIVEIRA, E. *Cosmovisão africana no Brasil – Elementos para uma filosofia afrodescendente*. Ibeca, 2003, p. 110.

só gente, pertencente a uma mesma etnia [...] participando de um corpo de tradições comuns mais significativo para todos que cada uma das variantes subculturais que diferenciam os habitantes de uma região, os membros de uma classe ou descendentes de uma das matrizes formativas[14].

Ainda que admitindo importantes disparidades e antagonismos, Darcy parte da certeza de uma uniformidade cultural supostamente responsável por um Estado uniétnico. Nesta perspectiva, os povos indígenas constituem uma multiplicidade de "microetnias" sem incidência sobre o todo, enquanto os negros seriam assimilados à "etnia nacional", uma vez que não teriam contribuído para a "protocélula original da cultura brasileira", por terem sido agentes culturais "mais passivos do que ativos".

Como bem se vê, a perspectiva de Darcy Ribeiro, apesar de seu reconhecido progressismo político, não projeta nenhuma luz sobre a questão persistente do racismo no Brasil. Contra esse tipo de pano de fundo, a explanação de Almeida é oportuna por levar a evitar que se desloque o problema da discriminação para o casuísmo. Tem o mérito teórico de tornar didática a compreensão do racismo, deixando claro que não se trata

---

14. RIBEIRO, D. *O povo brasileiro*. Companhia das Letras, 1995, p. 21-22.

de patologia nem desarranjo institucional, mas de um efeito de totalidade: os comportamentos individuais e as instituições são racistas "porque a sociedade é racista". Assim, o fenômeno pode ser definido como "manifestação normal" da sociedade, na medida em que é "lógico" – uma lógica de reprodução das formas de desigualdade e violência que moldam o *socius*, da qual decorre o sistema de ideias que ofereceria uma explicação "racional" para a desigualdade social.

Como já se pode prever, essa racionalidade conflui para a luta de classes como chave geral explicativa. Nesta costumam reencontrar-se tanto as posições analíticas da esquerda política quanto aquelas da direita, largamente disseminadas em livros e artigos jornalísticos, que investem contra as marcações identitárias dos conflitos em detrimento das divisões de classe social. Mas embasado em sociólogos de grande alcance, como Florestan Fernandes, Almeida está ciente de que a relação de classe não esgota a relação social. Ou seja, "não se pode compreender o racismo apenas como derivação automática dos sistemas econômicos e políticos". Trata-se de "algo mais profundo que se desenvolve nas entranhas políticas e econômicas da sociedade".

Esse "algo mais profundo" demanda, para nós, outro tipo de explicação, mais próxima à perspectiva de Jessé Souza, que parte da ideia de que classe econômica é principalmente uma construção sociocultural e se debruça sobre a experiência da escravidão como "semente de toda a sociabilidade brasileira"[15]. De fato, o racismo de pós-Abolição é uma forma *sistemática* (recorrente, mas sem a legitimidade outorgada pela unidade de um sistema ou estrutura) de discriminação, baseada no imaginário da raça. Afigura-se como algo mais próximo à ideia de um "processo", indicativo de uma dinâmica interativa de elementos discriminatórios, ao modo de uma fusão ou do que designamos como *forma social* escravista. As práticas desse processo contribuem para a reprodução da lógica de subalternidade dos descendentes de africanos – certamente derivada de uma ordem específica de classes sociais –, porém não mais constituem uma estrutura econômica, política e jurídica, a exemplo de uma sociedade plena e formalmente escravista.

Há sem dúvida uma dimensão "estruturante" do fenômeno no tocante ao *sentido* da forma, que permeia as instituições e constitui subjetividades junto a amplas parcelas da sociedade nacional. É a dimensão predominante na esfera privada, com sistemáticos reflexos coletivos. Na esfera pública, existe incidência sistemática das práticas discriminatórias, embora não como uma estrutura formalizada, o que constitui um marcador diferencial do racismo brasileiro. Não é nenhuma estrutura que faz funcionar os mecanismos de discriminação. Sem dúvida alguma, essa palavra tem forte apelo político no ativismo afro, mas o "estrutural" não explica a complexidade do "arraigado" no sentimento racista.

---

15. Cf. SOUZA, J. *A elite do atraso – Da escravidão à lava jato*. Ed. Leya, 2017.

Considere-se, assim, a palavra *paraestrutura*: o prefixo grego *para* aponta para um processo "ao lado" de um sistema identificável. É possível pensar em "estrutura" como um jogo com suas regras e peças interdependentes. Há situações cruciais em que as peças mudam, mas o jogo continua. No caso do racismo pós-abolicionista, mudou o jogo (estrutura), porém ficaram as peças imersas no imaginário escravista; isto é, nas imagens ambíguas de uma forma social hierárquica. *Paraestrutural* significa estar *fora da estrutura jurídico-política, mas dentro das vontades e das práticas*, na medida em que para isso houver margem institucional ou então oportunidade social. "Vontade" não deve aqui ser entendida como fenômeno individual ou subjetivo e sim como a força interna de uma forma coletiva.

Não que o racismo se reduza a uma lógica das ações oportunas ou das afecções subjetivas, uma vez que ocupa um *lugar* cultural transmitido de uma geração para outra dentro dos processos de produção econômica e de sociabilidade nacionais. A classe social não pode ser descartada como categoria analítica, porém demanda um remanejamento *compreensivo*, que entendemos como a postura epistemológica e metodológica de inclusão do sensório (toda a dinâmica das afecções ou dos afetos) na tarefa analítica.

Dúvida não há quanto à existência de uma infraestrutura socioeconômica "enviesada" por trás da discriminação, mas esta não se deduz daquela a partir de dados primários e históricos extraídos segundo um sistema de interpretação predeterminado. Os resultados de operações deste tipo (estatísticas sobre a divisão do trabalho, educação, saúde, segurança etc.) são politicamente relevantes e particularmente responsáveis pela tomada de consciência da mistificação embutida na ideologia da democracia racial, que alimentou durante muito tempo o discurso da esfera pública oficial.

É também politicamente estratégico – quando se pensa a partir de compromisso com transformação das condições de vida – fazer a avaliação métrica das consequências da vulnerabilidade socioeconômica num país de tão profunda desigualdade social. Basta pensar em dados do tipo "as pessoas negras e pardas morreram 57% a mais do que as brancas em decorrência da Covid-19".

Mas em termos teóricos (e acadêmicos) são resultados tautológicos: o *mesmo* de uma macrointerpretação termina revelando apenas o mesmo de uma disciplina, passando por cima das variações imprevisíveis nas práticas ou nos atos concretos. A revelação disciplinar, pautada apenas pelos métodos adequados à reprodução acadêmica do conhecimento – de um modo geral, a perspectiva socioeconômica – gera um tipo de saber fixado em macrocategorias (classe social, poder de Estado, estrutura global etc.), que podem ser abordadas em *cross-section*; isto é, a análise transversal e universalista de uma realidade múltipla (muitas regiões, muitos países) sem considerar especificidades locais. As grandes categorias se autossatisfazem epistemicamente por interpretações mecânicas e permanecem à parte da experiência concreta do fenômeno. Assim, um objeto civilizatoriamente embaraçoso e com particularidades nacionais, como o racismo, acaba tornando-se invisível diante da altura (ou elitismo) categorial que o contempla.

As correntes sociológicas sul-americanas – em especial, a sociologia econômica – que fizeram ou "fazem a cabeça" de inteiras gerações intelectuais (estudos das relações centro-periferia, impossibilidade de ações autônomas dos Estados, formação de burguesias industriais etc., levados a cabo por autores de peso científico como Celso Furtado, Raúl Prebisch, Anibal Pinto, Jose Medina Echavarria, Maria da Conceição Tavares) não incluíram o racismo no rol das questões nacionais primárias, eventualmente confinando-o ao lugar de objeto de micropolíticas regionais. A "heterogeneidade estrutural" dos países de capitalismo dependente (diferente da polarização entre atraso e modernização na perspectiva do "dualismo estrutural"), teorizada por autores como Prebisch e Pinto, referia-se à coexistência de modos de produção econômicos distintos em variações regionais, sem qualquer referência a desigualdades raciais, tidas como secundárias.

Não se trata apenas de uma falha teórica, mas também da dificuldade de compreender um fenômeno que embaraça a consciência dita civilizada das elites neocoloniais. Não raro as duas coisas interpenetram-se, como ressalta Clóvis Moura a propósito de Celso Furtado, para quem "o reduzido desenvolvimento da população submetida à escravidão" devia-se ao "atraso mental" do negro. Entretanto, seria enganoso pensar que Furtado, um dos mais ativos e radicais pensadores da Cepal, atribuísse a esse seu juízo sobre a população negra a causa do "entorpecimento" da economia nacional[16]. Na verdade, para ele, sempre existiu um estancamento do crescimento econômico em países sob a dependência do centro capitalista, como o Brasil, mas isso seria devido aos fatores da concentração do progresso tecnológico em determinadas regiões, assim como à forte concentração de renda. A questão social do afrodescendente apenas deixava de ser pensada no âmbito dessa categorização teórica.

Ao que conste, há apenas uma hipótese econômico-sociológica que tenta ligar racismo a modelo de crescimento econômico no Brasil. Trata-se da hipótese da "redistribuição intermediária", formulada por Maria da Conceição Tavares e José Serra, segundo a qual a compressão salarial era necessária ao modelo vigente na época, para financiar a inversão e redistribuir o superexcedente para as classes médias[17]. Nesta argumentação, o sistema econômico teria algo como um preconceito de classe de cor, porque só as classes médias e ricas (brancos, em suma) poderiam consumir. Trabalhadores (pretos e mulatos) não poderiam fazê-lo devido à compressão dos salários, que funcionaria como mecanismo de transferência de renda para as classes médias.

---

16. Cf. CLÓVIS, M. *Sociologia do negro brasileiro*. Perspectiva, 1988.

17. Cf. SODRÉ, M. *Claros e escuros – Identidade, povo, mídia e cotas no Brasil*. Vozes, 2015, p. 283-284.

A hipótese foi criticada num ensaio hoje bastante conhecido (*Crítica da razão dualista*) pelo sociólogo Francisco de Oliveira, para quem a falha do argumento estava no fato de que a compressão salarial "transfere os ganhos da elevação da mais-valia absoluta e relativa para o polo da acumulação e não para o consumo". A renda das classes médias seria uma necessidade da estrutura produtiva em seu sentido global (e não um estado de bem-estar dos favorecidos), já que decorre das exigências técnico-institucionais da nova estrutura industrial e, portanto, das novas ocupações criadas. Isto faria da renda uma exigência objetiva da estrutura produtiva e não um efeito de presumido preconceito de classe ou de cor por parte da acumulação capitalista.

Contra-argumentamos que, de fato, a acumulação de capital seria, em princípio, neutra com relação à cor da pele do agente produtivo. Mas enquanto um dos sistemas centrais de ação histórica, o capitalismo acumula igualmente significações mercantis que orientam diretamente a integração das estruturas societárias e, indiretamente, as condições de vida dos atores sociais. No âmago da determinação econômica das classes sociais está alojada como construção histórica a orientação racial, embora multifacetada e parcialmente autonomizada com relação às condições materiais de produção. "Parcialmente", porque a perspectiva aceitável de uma "superexploração" do trabalho – necessária para compensar as perdas das burguesias dirigentes em suas relações de dependência com o Centro capitalista – implica "reescravizar" de outra maneira a mão de obra abundante, em que pontificam aos afrodescendentes.

Desta maneira, a acumulação não é absolutamente neutra com respeito aos modelos culturais de incrementação do trabalho e da produtividade ou com relação às múltiplas formas discriminatórias da civilização tecnoeconômica, que se alimentam de uma margem estrutural de pobreza – daí a hipótese do "racismo socioeconômico". No viés capitalista da abolição da escravatura brasileira não houve reforma agrária, nem direito ao trabalho e nem estrutura político-partidária que reorientasse os conflitos entre as classes dirigentes e os ex-escravos. Estes últimos estariam, portanto, naturalmente destinados a posições subordinadas na reprodução das classes sociais e na distribuição espacial dos agentes produtivos. Nascem aí os diagnósticos no sentido de que "se o racismo (bem como o sexismo) torna-se parte da estrutura objetiva das relações ideológicos e políticas do capitalismo, então a reprodução de uma divisão racial (ou sexual) do trabalho pode ser explicada sem apelar para preconceito e elementos subjetivos"[18].

No tocante aos aspectos concretos do desenvolvimento econômico, esse tipo de análise repercutia sociologicamente as denúncias do ativismo negro de que

---

18. HASENBALG, C. *Discriminação e desigualdades raciais no Brasil.* Graal, 1979, p. 113-114.

sempre houve fortes obstáculos à mobilidade social dos afrodescendentes no mercado de trabalho. Tem o mérito de contradizer a tese do industrialismo como um fenômeno benéfico para a fluidez social e, consequentemente, para a mobilidade da população negra. Mas se esse tipo de argumentação pode se aplicar em parte ao mecanismo de subordinação econômica e social do ex-escravo, deixa de alcançar os aspectos morfológicos e culturais do racismo (com sua massa nebulosa de elementos subjetivos e negacionismos), que incide de forma continuada sobre o afrodescendente como dispositivo de poder que naturaliza a discriminação e aprofunda a desigualdade social.

O problema, porém, é que o racismo não pode ser realmente compreendido como efeito de estrutura da sociedade desigual, mas como um macrofenômeno antropológico (na escala do que Marcel Mauss chamaria, *mutatis mutandis*, de fato social total), cuja incidência humana se universalizou com a colonialidade. A autonomização histórica e existencial do fenômeno dá margem a variáveis aparentemente inexplicáveis. O racismo brasileiro de hoje persiste no interior de um efeito permanente da antiga estrutura escravista: uma verdadeira *forma social autonomizada* como herança autoritária de *práticas patrimoniais* das classes dirigentes, uma a mais no rol do clientelismo colonial e imperial, a que aderiu inercialmente a burguesia industrial nativa.

Não existe a "objetividade ideológica" atribuída pelas lentes do cânone positivista. Isento de coerência ideológica, o racismo subsiste – e não por hipóteses duvidosas de "inconsciente coletivo" ou de "mentalidade de época", mas por um singular efeito parasitário do sistema socialmente excludente – em determinadas práticas intersubjetivas de uma forma de vida enraizada na escravidão que, no entanto, foi política e juridicamente abolida. Esse efeito é simultaneamente econômico, societário e institucional, o que leva à suposição de que o imaginário da raça esteja na base da definição de classe social no Brasil, ou seja, *a classe social é sempre racializada.*

Isso pode ser visualizado numa metáfora espacial: imagine-se uma "casa-grande" (a sede do engenho açucareiro teorizada por Gilberto Freyre, o ideólogo oficial das relações raciais no Brasil) que passou por um *retrofit* arquitetônico (como resultado, as residências ou os edifícios de luxo no espaço urbano) e rearrumou o seu mobiliário, mas não alterou substancialmente as relações com a mão de obra escrava, apenas atualizando uma hipotética "estrutura de sentimentos". O sujeito da consciência racista não é mais o barão-proprietário de corpos assujeitados para o trabalho gratuito, mas o baronete imaginário – esse sim, fora do lugar, fora da casa-grande –, suposto senhor de almas alheias. Trata-se agora de controle institucional por uma burguesia nacional branca.

De certo modo, essa metáfora já estava concretamente configurada em determinadas dificuldades encontradas pelo regime escravista no espaço urbano. O historiador Chalhoub traz à luz a expressão *viver sobre si*[19], que traduzia o consentimento de proprietários de escravos para que estes pudessem habitar e alimentar-se fora da propriedade senhorial. Em termos práticos, o indivíduo permanecia escravo, mas desembaraçava o senhor de obrigações evidentes quando consideradas no contexto do trabalho rural (com a casa-grande e sua senzala ou algo equivalente).

O historiador está debruçado sobre as relações de cortiços com epidemias no espaço carioca, mas o que particularmente nos chama a atenção nesse esdrúxulo "sobre si" é a prefiguração de uma vida posterior sem o espaço físico do domínio ou casa-grande, embora com os laços escravistas presentes ao modo do que alguns poderiam chamar de uma "estrutura de sentimentos".

É mais ou menos notório que um teórico importante das relações entre cultura e sociedade como Raymond Williams tenha girado analiticamente em torno do conceito de "estrutura de sentimentos"[20], nem sempre muito bem esclarecido, porém entendido de modo geral como formas emergentes de experiências típicas, em que significados e valores são mais sentidos e vividos do que apreendidos intelectualmente. A palavra "estrutura", como já ressaltamos, supõe um enquadra-

---

19. Cf. CHALHOUB, S. *Cidade febril: cortiços e epidemias na corte imperial*. Cia. das Letras, 1996.

20. Cf. WILLIAMS, R. *Cultura e materialismo*. Unesp, 2011. • CEVASCO, M.E. *Para ler Raymond Williams*. Paz e Terra, 2011.

mento lógico com interdependência e coerência institucionais ou mesmo burocráticas no âmbito da sociedade civil contemporânea. Aplica-se melhor a uma realidade sociopolítica direta ou indiretamente articulada a uma burocracia funcional e certamente não responde pelo funcionamento de práticas racialmente discriminatórias no Brasil.

Sobre esse conceito, é esclarecedora uma frase do jurista Luis Roberto Barroso, ministro do Supremo Tribunal Federal: "No Brasil, a estrutura legal foi montada para o sistema não funcionar". Ou seja, há uma espécie de dissonância cognitiva entre a organização e a prática, a existência de uma estrutura não assegura o funcionamento de coisa nenhuma. Por outro lado, a funcionalidade do racismo no âmbito das instituições e das relações subjetivas independe de uma estrutura, o que torna ainda mais difícil a sua apreensão por mecanismos puramente racionais.

Ademais, a permanência de elementos estruturais numa transição histórica não significa a continuidade da estrutura e sim um jogo de recomposição indireta, com novas regras.

Assim, a menos que o espírito crítico escolha por aferrar-se à ideia de uma estrutura de sentimentos, o adjetivo "paraestrutural" seria mais adequado a uma sistematização em que o racismo aparece como uma "significação imaginária central"[21] – socialmente transmissível

---

21. CASTORIADIS, C. *La Société bureaucratique*, 1, 10/18, 1972.

pela dinâmica institucional – capaz de catalisar os traços intensivos de uma política discriminatória por meio de formas esquemáticas ou imagens dinâmicas de um determinado tipo de ação humana. A velha questão da raça biologicamente definida e inscrita numa estrutura econômico-político-jurídica desloca-se para a da *identificação* institucional da cidadania aceitável. Na paraestrutura, o racismo é institucionalmente sistemático, em vez de totalmente sistêmico, razão pela qual lança à compreensão (conjuntamente racional e sensível) o desafio de elucidar a transmissão dos mecanismos discriminatórios[22].

A esquematização discriminatória tem um sentido, que é a hierarquização excludente da cidadania negra. Apesar de pequenas conquistas obtidas ao longo de mais de um século de movimentação civil, o homem negro brasileiro configura uma cidadania de segunda classe, mantida em seu lugar por um racismo não legalmente sistêmico. Isto quer dizer que a hierarquia discriminatória é pautada por um paradigma de brancura parcialmente alheio à suposição de supremacia racial (como é, no limite, o caso dos Estados Unidos), mas atento às aparências; isto é, à cor e ao *status* social. São duas, porém, as equações estruturantes do fenômeno: a primeira é o *racis-*

---

22. Consideramos, entretanto, que a expressão "racismo estrutural" tem um alcance político no discurso antirracista, o que nos leva a relativizar o peso da argumentação de natureza epistemológica. Em outras palavras, caracterizar o racismo brasileiro como estrutural é uma tática discursiva que suspende momentaneamente a precisão teórica em favor da retórica ativista.

mo morfológico ou *morfofenotípico*, que visa o indivíduo particular; a segunda é o *racismo cultural*, cujo objeto é uma determinada forma de vida, com costumes e crenças particulares.

No tocante à equação morfológica, diferentemente da hipótese americana de uma classificação subdérmica (ancorada na matriz do antissemitismo), *o racismo brasileiro é epidérmico*. Costa e Silva, poeta, diplomata e destacado africanista brasileiro, resume: "No Brasil, é predominante a questão da aparência: nos Estados Unidos, da ascendência". E relata: "Um artista norte-americano que viveu alguns anos no Brasil enviava os seus trabalhos semanalmente para os Estados Unidos e de lá recebia o pagamento em dólares. Perguntei-lhe certo dia, numa roda de amigos por que estava vivendo no Brasil. E ele respondeu prontamente: 'Porque nos Estados Unidos sou negro, no Brasil sou branco, e é enorme a diferença'"[23].

Aparência, desde a cor da pele até a roupa, é uma categoria que se constrói socialmente e que atribui poder social, conforme os quadros de referência instituídos; isto é, conforme determinados marcadores semióticos que concorrem para a definição de cor e *status*. No cotidiano nacional, a atenção ao aspecto físico automatiza-se sistematicamente em funcionamentos institucionais, assim como nas relações intersubjetivas. Relatava o notável geógrafo Milton Santos que, ao viajar de primeira

---

23. COSTA E SILVA, A. *O Globo*, 24/04/2021.

classe em aviões de empresas brasileiras, membros da tripulação lhe dirigiam a palavra em inglês: negro em primeira classe seria certamente estrangeiro.

Nós nos dispomos aqui a observar de perto a questão racial, com nova lente reflexiva, a partir de sua inserção num território nacional específico, onde mais da metade da população é constituída por "escuros" (negros e pardos), em contraste com os 12% da população negra norte-americana, mas onde, por outro lado, são muito maiores as desvantagens sociais por efeito da relação racial.

O racismo da sociedade brasileira tem cromatismo próprio. Nova lente reflexiva? É que dezenas de obras e milhares de páginas empenharam-se ao longo de todo o século XX na análise do racismo como ideologia e das práticas concretas de exclusão ou discriminação das diferenças étnicas, sem que se tenha realmente obtido uma compreensão razoável da persistência do fenômeno na moderna sociedade do conhecimento. No Brasil, os intérpretes mais conspícuos da história social e econômica do país – no geral, epígonos de luminares como Franz Boas, Karl Marx, Max Weber e C.M. Keynes – produziram análises influentes sobre a singularidade do escravismo, mas nada de realmente significativo sobre o racismo antinegro.

Desse último caso, um exemplo notável é a análise de Gorender sobre o escravismo nacional, em que ele metodologicamente adverte: "O de que se carece, a meu ver, é de uma *teoria geral* do escravismo colonial que proporcione a reconstrução sistemática do modo de produção como totalidade orgânica, como totalidade unificadora de categorias cujas conexões necessárias, decorrentes de determinações essenciais, sejam formuláveis em leis específicas"[24]. Ou seja, todo o empenho do trabalho destina-se a comprovar com rigorosas categorias do materialismo histórico a tese controversa sobre a existência de um modo de produção colonial no Brasil, mas sem levantar a questão do racismo que, no entanto, era o objeto concreto de luta do movimento negro.

É apenas contextual (acadêmica) a pertinência de "metadiagnósticos" teóricos sobre a condição colonial permanente ou sobre a alienação da burguesia dirigente num país de capitalismo dependente, mas opaca ante à realidade prática da discriminação racial. Tome-se como exemplo uma única evidência histórica: já no primeiro ano da república, proibiu-se a entrada de asiáticos e africanos em território brasileiro. Por mais que se pretenda estabelecer relações de causa e efeito entre capitalismo e racismo em busca de metaexplicações, torna-se difícil conceber o trânsito imediato ou relevante entre uma atitude discriminatória, apreensível no interior da historicidade político-social, e o advento do capital industrial. Outro exemplo: como

---

24. GORENDER, J. *O escravismo colonial*. Perseu Abramo, 2016, p. 59.

conciliar teoricamente o projeto igualitário de Cuba com a política de afastamento sistemático de negros (hoje admitida até mesmo por dirigentes cubanos) das posições de poder?

Não que o fenômeno racial seja impenetrável à razão, mas o racionalismo restritivo das práticas historiográficas, sociológicas, antropológicas e psicológicas conduz à adoção exclusiva do "pensável"; isto é, do que pode ser pensado ou analisado apenas à luz do modo como a sociedade se predispõe a entender o seu próprio funcionamento político-social. É o contrário de uma *compreensão*, ao mesmo tempo individual e coletiva, da permanência na consciência histórica dos fatores excludentes de aparências que não coincidam com aquelas da brancura hegemônica, do paradigma *leucocrático*. O racionalismo acadêmico-disciplinar (isso que o sociólogo Guerreiro Ramos chamou de "sociologia enlatada") é socialmente asséptico, esquivando-se da dificuldade de criticar o vínculo entre a interpretação e a práxis.

Há mais de um tipo de compreensão do racismo nacional, como se evidencia no trabalho já citado de Clóvis Moura, um competente sociólogo negro comprometido com o movimento antirracista, ciente de que o desenvolvimento das forças produtivas retroalimentava o que ele chama de "escravismo tardio" no Brasil. A sua perspectiva, entretanto, centra-se na divisão da força de trabalho. É também o que Florestan Fernandes quer oferecer em sua obra sobre o tema[25], hoje merecidamente acolhida como um clássico da sociologia histórico-estrutural por sua demonstração minuciosa de como o negro foi expulso do sistema de relações de produção e impelido sem retorno a um sistemático desajustamento social.

De fato, o sociólogo vai além do determinismo metodológico de seus próprios conceitos (fundacionais para a cientificidade do campo sociológico no país), ao corroborar as dúvidas sobre o mito da escravidão benévola e ao tentar apontar *compreensivamente* para as consequências do impedimento, por parte das elites dirigentes, de que pudesse florescer a vida social do ex-escravo. À sombra do temor coletivo das "rebeliões negras", o liberto sempre foi conotado como inimigo público e doméstico, mas, além disso, como "psicologicamente deformado". A respeito disto, Cida Bento cita Florestan Fernandes ("a escravidão deformou o seu agente de trabalho, impedindo que o negro e o mulato tivessem plenas possibilidades de colher os frutos da universalização do trabalho livre") e o seu comentário de que "nada disso nascia ou ocorria sob o propósito (declarado ou oculto) de prejudicar o negro"[26]. A crítica de Cida Bento ressalta a estranheza quanto ao fato de que nenhum estudioso "apontou a existência

---

25. FLORESTAN, F. *A integração do negro na sociedade de classes*. Vol. I. Globo, 2008.

26. BENTO, C. *O pacto da branquitude*. Companhia das Letras, 2022, p. 63. Obs.: A citação procede de *A integração do negro na sociedade de classes*.

de uma "deformação" na personalidade do escravizador; isto é, do branco"[27]. Para ela, o próprio Florestan, apesar de tão consciente do racismo no Brasil, deixou de compreender a "cegueira conveniente" sobre o impacto da escravidão no grupo escravista.

É que "compreender", diz Claudel, "é agarrar ao mesmo tempo, reunir pela pegada. Como se diz que o fogo pega ou que o cimento pega, ou que as águas de um lago "pegam" no inverno ou que uma ideia pega no público, é assim que as coisas se compreendem e que nós as compreendemos"[28]. O poeta está falando do esclarecimento recíproco entre a inteligência e a sensibilidade ou entre o objetivo e o subjetivo. Diferentemente do mero entendimento lógico, a compreensão implica a profundidade do *ver* como algo além da incorporação intelectual de um saber, que pode ser a própria desincorporação emocional de uma representação ou de uma crença. Assim é, por exemplo, o desnudamento educativo da alma ou consciência própria da individualidade, sugerido por Fernando Pessoa/Alberto Caeiro: "O essencial é saber ver. Saber sem estar a pensar. Mas isso (triste de nós que trazemos a alma vestida) exige uma aprendizagem de desaprender" (*O guardador de rebanhos*).

Com a exigência de um profundo compromisso existencial na atitude compreensiva, emerge a dimensão ética.

---

27. Ibid., p. 63.

28. CLAUDEL, P. *Art poétique, oeuvre poétique*. Gallimard, 1957, p. 179. Poeta, dramaturgo, pensador católico e diplomata, Claudel foi embaixador da França no Brasil durante a Primeira Guerra Mundial.

Ilustrativa é uma passagem em *A peste*, de Albert Camus, quando Tarrou se recusa a deixar a cidade de Oran, avassalada pela epidemia, para continuar a tratar inutilmente os doentes, a exemplo do que fazia o seu amigo Rieux: "O que lhe leva a se ocupar disso? – Eu não sei. Minha moral, talvez. – Mas qual? – A compreensão".

Trata-se, assim, de não se pautar exclusivamente pelas leis, nem pelas causalidades absolutas da ciência. Isso está implícito num verso de outro poeta, um dos maiores da língua portuguesa: "As leis não bastam. Os lírios não nascem da lei" ("Nosso tempo", de Carlos Drummond de Andrade). É que as explicações apenas racionalistas da história se apoiam na exclusividade das determinações materiais para os fenômenos intelectuais, culturais e morais de um período qualquer. Os casos de natureza subjetiva – os "lírios" do poeta – são deslocados para as lentes de uma visão atomística dos fatos, tidos como desvios individuais ou subjetivos de uma regra determinista. Esta é a regra que faz recair todo o peso da explicação sobre o histórico projeto classista e pós-abolicionista de transformação dos ex-escravos em excedente estrutural de mão de obra, com vistas ao rebaixamento do valor da força de trabalho.

No entanto, o mero protocolo disciplinar e determinista não diz como isso se tornou socialmente possível. Ou seja, não explica o fenômeno de que, da coexistência de brancos e negros pobres em numerosos segmentos populacionais no início do século XX, tenha-se desenvolvido progressivamente apenas uma classe média branca. Em outros termos, não consegue eliminar a hipótese de que haja lugar para a concepção de uma sensibilidade difusa ou de um "espírito" – o *invisível* nas transformações e passagens – não assimilável de todo às rígidas formulações cientificistas, no que se refere a ânimos e comportamentos característicos de um momento. Falta-lhe o que Rey chama de *capacidade de escuta*, algo que leve à captura de um processo em ato: "*Capacidade de escutar tanto aquilo que é dito quanto aquilo que não é dito*, aquilo que é a condição de dizer; capacidade que não poderia tomar emprestados seus recursos ou seus princípios de um saber constituído. Não encontraremos nenhuma disciplina que possa legitimar ou dar uma aparência de coerência a uma escuta desse tipo"[29].

O "espírito" a ser apreendido ou escutado não procede de arquétipos inconscientes nem de supostas epistemes intertemporais. É algo que se faz presente tanto na consciência discriminatória dos "senhores" quanto eventualmente na consciência discriminada dos supostos servos que, ao modo do fenômeno da servidão voluntária (La Boétie), "transcrevem" existencialmente as prescrições racistas, seja reproduzindo-as ativamente, seja aceitando-as dentro do curso inercial dos fatos sociais.

---

29. REY, J.-M. *O império das palavras. O esquecimento da política.* Agir, 2007, p. 370.

Por exemplo, o fascismo europeu emergente desde os começos do século passado era certamente uma forma suscetível de análise racionalista enquanto forma de Estado ou de reação política às reivindicações crescentes das classes obreiras orientadas para o socialismo, mas sem qualquer doutrina própria, era principalmente um estado de espírito avesso a discursos e traços "estranhos" em concidadãos próximos, sentidos como inquietantes ou inaceitáveis.

Pensar o fascismo como uma "forma de vida" aproxima-o de protoformas atuais, a exemplo das minorias aberrantes da extrema-direita nativista, do tipo de supremacistas brancos americanos e de milícias armadas, exasperadas pelas mutações culturais da globalização. Também o relaciona indiretamente ao conservadorismo senhorial brasileiro, cujos componentes sensíveis cristalizam-se no fascismo nacional. Nas décadas de 1930 e de 1940 do século passado, o chamado "integralismo" corporificou partidariamente esse movimento, num grau mais elevado do que em qualquer outro país sul-americano.

Especificamente sobre o racismo, uma movimentação sensível, humanamente negativa ou retrópica ressoa hoje em representações sociais (ideias, imagens, discursos, atitudes) anacrônicas, mas nada que se identifique como um sistema coerente – embora se possa vislumbrar uma coerência convergente quanto aos alvos da rejeição –, seja uma ideologia, uma religião ou pessoas de aparência socialmente desvalorizada. Em outras palavras, não predomina um *discurso* conceitualmente racista, entendido como unidade complexa de palavras e ações constitutiva do social, e sim uma zona fronteiriça da discursividade, que melhor se define como um *sentimento de existência* isolado ou fechado em si mesmo, como algo aquém de qualquer expressão conceitual ou de articulação lógica – um ponto de existência, um ponto de vida – ou seja, como a resultante automática de reações emocionais enraizadas.

Decorre daí esse *sentimento*, concebido por Ledrut como algo aquém de qualquer expressão conceitual: "[...] não é uma representação ou um sistema de representações, nem se reduz à ideologia, nem à filosofia, nem à religião, nem a nenhum outro complexo de ideias e de crenças"[30]. No problema da compreensão geral do mundo por uma sociedade, esse sentimento implica uma intuição de base que responderia pela *apreensão* da existência por parte dos membros de uma civilização determinada.

A palavra "apreensão" sublinha que não se trata de um conhecimento *stricto sensu* nem de qualquer percepção intelectualizada, e sim de um *sensório* global, uma espécie de síntese afetiva da diversidade cultural que informa os esquemas existenciais, ordenadores da experiência comum. Em vez de um ponto de vista apenas racional seria mais adequado falar-se de um "ponto de vida" ou de um "ponto de existência". É precisamente esse sentimento isolado e apreendido pelo espírito colonialista que,

---

30. LEDRUT, R. *La révolution cachée*. Casterman, 1979, p. 79.

sempre respaldado por abstrações humanistas, responde pela negação de igualdade ao diferente e pelas ações etnocidas. Pode-se detectá-lo no interior das formas de vida que caracterizamos como "retropias" (idealizações ativas de um passado morto, mas confortável a um imaginário regressivo) ou então como protofascistas.

É verdade que até mesmo em sistematizações ideológicas ou em partidos políticos, o isolamento físico e emocional sempre produziu radicalismos e extremismos: o sentimento de existência pode ser individual ou grupal. O fato a se ponderar é que, nesse sentimento inominável, sem significado, sem correlação entre diferenças, pode-se enxergar aversão ou horror ao outro, pois, como diz um personagem de ficção, "o horror não tem quase nunca a face do inimigo e sim daqueles mais próximos". De fato, o racismo exacerba-se quando o dessemelhante (p. ex., o escravo, controlado como mero objeto e mantido à distância física e social pelo senhor) começa a tornar-se semelhante (o liberto, suscetível de assimilação ou de semelhança social com o antigo senhor) e, deste modo, passa a ser conotado existencialmente como *intruso*. Confirma Cida Bento: "Os negros são vistos como invasores do que os brancos consideram seu espaço privativo, seu território. Os negros estão fora de lugar quando ocupam espaços considerados de prestígio, poder e mando. Quando se colocam em posição de igualdade, são percebidos como concorrentes"[31].

---

31. BENTO, C. *O pacto da branquitude*. Op. cit., p. 74.

Do horror à intrusão não estão ausentes circunstâncias sócio-históricas. Por exemplo, a existência de uma memória coletiva escravista, necessária à manutenção de uma hierarquia nas interações sociais, que não deixa de evocar um sistema inconfessável de classificação humana. Nos Estados Unidos, o mito da supremacia étnica, a crônica infame e subterrânea dos milhares de linchamentos de negros e a indiferença ante as centenas de atentados contra igrejas da gente negra compõem uma tradição ou uma protoforma confederada e coletiva para o Sul norte-americano, que pode diluir-se discursivamente, mas sem desaparecer no Norte.

Essa protoforma de aversão coletiva pode alimentar-se de doutrinas anacrônicas ou de textos extremistas, mas independe de um discurso sistemático ou organizado. Em certos casos se configura como uma forma de vida integrista ou como uma retropia fascista. Pode transparecer numa semiose de gestos, ritos (p. ex., a cruz incendiada pela Ku-Klux-Klan), olhares enviesados ou na instintiva rejeição à presença do outro. Nela predomina um "sentimento inominável", mais forte do que palavras.

As circunstâncias podem variar, sem que sequer se arranhe o inominável. No Brasil, é forte a memória escravista assestada sobre o fenótipo negro, mas igualmente sobre particularidades da forma de vida afro-brasileira. Em termos de registro escrito, vale citar o artigo 157 do Código Penal de 1890, que proibia "praticar o espiritismo, a magia e seus sortilégios, usar de talismãs e cartomancias para despertar sentimentos de ódio e amor, inculcar cura de moléstias curáveis ou incuráveis, enfim para fascinar e subjugar a credulidade pública".

Eugenia e racismo cultural

Na passagem do totalitarismo despótico do senhor de escravos às formas "calmas" ou perversas de hierarquização racial, a forma de vida afro passa por maiores foros de ameaça e, portanto, de rejeição. Desde o começo, tudo o que culturalmente se relacionasse ao negro, ainda que de modo indireto, era socialmente estigmatizado. A rejeição ia desde a linguagem até as crenças e a música. Vejamos o verbo "vadiar". Em português vernacular, sempre significou "não ter ralé para o trabalho", ou seja, ironicamente, "trabalhar como mouro, mas no serviço de Deus", senão simplesmente "distrair-se". Na boca do povo, um verso de canção como "eu vim aqui foi para vadiar" queria dizer exatamente isso, desfrutar musicalmente do mundo. Entende-se assim como a "vadiagem" negra foi criminalizada pelo código penal (Lei da Vadiagem, existente desde 1890, mas regularizada em 1942). A música negra era vadiação, algo a ser eugenicamente reprimido.

É exemplar o conhecido episódio do "Corta-Jaca", protagonizado pela maestrina e compositora Chiquinha Gonzaga. O fato é que Nair de Teffé, esposa do Presidente Hermes da Fonseca (1910-1914), apresentou a um público de elite carioca e de diplomatas no Palácio do Catete (26/10/1914), o maxixe "Corta-Jaca", acompanhado por violão. Em meio a preconceitos de natureza diversa, Chiquinha, neta de escrava, militante abolicionista, notabilizava-se como uma artista que abria alas para a música brasileira, como nas palavras de Mário de Andrade: "Francisca Gonzaga teve contra si a fase musical muita ingrata em que compôs; fase de transição, com suas habaneras, polcas, quadrilhas, tangos e maxixes, em que *as características raciais ainda lutam muito com os elementos da importação*"[32].

Na época, eram dois objetos socialmente escandalosos: o violão (era prática policial corrente o confisco desse instrumento musical, inclusive na própria residência do sambista) e o maxixe (aliás, nome de uma etnia africana, hoje pouco conhecida), dança dita "excomungada". O Senador Ruy Barbosa comentou o fato em sessão do Senado Federal, classificando a composição musical como "a mais baixa, a mais chula, a mais grosseira de todas as danças selvagens, a irmã gêmea do batuque, do cateretê e do samba" e apostrofando que "nas recepções presidenciais o corta-jaca é executado com todas as honras da música de Wagner, e não se quer que a consciência deste país se revolte, que as nossas faces se enrubesçam e que a mocidade se ria!"

O episódio é anterior à chegada ao Rio de Janeiro (1917) do jovem compositor Darius Milhaud, mestre da técnica politonal, como secretário da embaixada francesa

---

32. ANDRADE, M. Chiquinha Gonzaga. *Música, doce música*. Martins, 1976, p. 333.

no Brasil, na época conduzida pelo aclamado poeta e dramaturgo Paul Claudel. Ruy Barbosa foi de fato uma figura importante no processo de transição da monarquia para a república como advogado público de ideias industrialistas e da luta por uma Constituição liberal. Abolicionista, advogado e jurista de destaque internacional (desde a notória Conferência de Haia), Ruy era um dos intelectuais mais brilhantes de sua época e até hoje cultuado como ícone da inteligência brasileira.

Mas em termos de nacionalismo cultural, Ruy era outra coisa. Ao contrário dele, Milhaud percebeu a relevância cultural do trânsito original entre a música de concerto e a popular: "Seria desejável que os músicos brasileiros compreendessem a importância dos compositores de tangos, maxixes, samba e cateretês como Tupynambá ou o genial Nazareth. A riqueza rítmica, a fantasia indefinidamente renovada, a verve, a invenção melódica de uma imaginação prodigiosa encontradas em cada obra destes dois mestres fazem deles a glória e a joia da arte brasileira"[33]. A música de Ernesto Nazareth e Marcelo Tupinambá foi marcante na trajetória musical de Milhaud, que comporia "Boi no Telhado" com apropriações da música brasileira.

O incidente com Chiquinha Gonzaga pode soar como menor ou teoricamente pouco relevante, mas o caminho compreensivo leva a atentar para o fato de que Ruy Bar-

---

33. Cf. NORONHA, L.M.R. *Darius Milhaud: o nacionalismo francês e a conexão com o Brasil*. Tese de doutorado. Unesp, 2012 [Disponível em htttp://hdl.handle.net/11449/104021].

bosa era também membro de uma elite desejosa de apagar da memória social a "mancha da escravatura". Quando ministro da Fazenda (1890), tinha mandado queimar os arquivos da escravidão (basicamente, os registros de antigos escravos em comarcas), sob alegações até hoje controvertidas, porém em princípio para lavar historicamente a referida "mancha". O episódio da condenação do maxixe era motivado por um ataque partidarista ao bisonho presidente Hermes da Fonseca (não raro, motivo de piada em botequins cariocas), seu adversário político, mas revelava ao mesmo tempo o desprezo elitista por manifestações da cultura afro e popular.

Crenças e músicas de origem negra são tópicos relevantes da estigmatização abrigada nas programações morais e sanitárias da doutrina eugenista, o dito "racismo científico", que despontou mundialmente desde fins do século XIX até quase metade do século passado. Inspirava-se no pensamento do inglês Francis Galton, que preconizava a expansão "das influências que melhoram as qualidades inatas de uma raça, bem como das qualidades que se pode desenvolver até alcançar a máxima superioridade"[34]. Para Gobineau, teórico da eugenia e amigo de Dom Pedro II, a mestiçagem conduziria o país à ruína. Mas na eugenia brasileira prevaleceu a perspectiva de

---

34. Cf. KERN, G.S. As proposições eugenistas de Roquette-Pinto: uma polêmica acerca do melhoramento racial no Brasil. *XXIX Simpósio Nacional de História contra os Preconceitos: história e democracia.* ANPUH, 2017.

Lamarck, outro teórico importante, para quem políticas adequadas de saúde e educação poderiam aperfeiçoar racialmente negros e mestiços.

Os princípios eugenistas da "miscigenação positiva" e do branqueamento sistemático (que aspirava ao desaparecimento progressivo do negro) presidiam à importação acelerada de cerca de quatro milhões de imigrantes europeus entre fins do século XIX e meados dos anos de 1930, como uma tentativa de contrabalançar a presença de 60% de negros na população brasileira. Veja-se o dedo do Império Britânico, que tinha agido decisivamente no passado para coibir o tráfico negreiro – por interesses comerciais próprios –, mas que exercia também influência ideológica em projetos de modernização nacionais, sob o estandarte da "civilização e progresso". De lá provinha o fluxo mais constante das doutrinas eugenistas, cujo horizonte racial era o embranquecimento progressivo do mundo.

Hoje se modernizou a letra da lei penal, e são também estudados como anacronismos os preceitos da eugenia, que repercutiam e eram debatidos nas elites ideológicas – construtoras do senso comum – compostas por médicos, jornalistas e intelectuais de destaque, a exemplo do escritor Monteiro Lobato, militante eugenista, escritor de largo público e um dos mais importantes editores nacionais nas primeiras décadas do século passado. Isto é fato de entendimento objetivo. Em termos subjetivos, a perspectiva compreensiva evidencia a permanência em corações e mentes do velho sensório do preconceito, que estigmatiza não apenas a cor da pele, mas também as formas de crença ou de vida associadas à cultura africana, o que implica uma rejeição radical ao estatuto de pessoa do negro supostamente "livre".

Antes mesmo da Abolição, na segunda metade do século XIX, o advogado e abolicionista Luiz Gama – baiano, filho da ativista Luisa Mahin e vendido, ainda criança, como escravo pelo próprio pai – tinha questionado a natureza da libertação do escravo. Impedido de ingressar na Faculdade de Direito, Gama tornou-se advogado (e pensador) por conta própria. Uma frase sua sobre a condição do ex-escravo é filosoficamente notável: "Falta-lhe a liberdade de ser infeliz onde e como queira".

Para bem aquilatar o alcance desse juízo, pode-se partir de Espinosa, para quem "a escravidão de uma coisa é o fato de que ela está submetida a uma causa exterior; por outro lado, a liberdade consiste não em estar submetido a uma causa, mas sim em estar liberado dela". Este argumento do *Breve tratado* é retomado por Abensour para introduzir a questão da servidão voluntária como "um estado de não liberdade, de sujeição, cuja particularidade é que a causa da escravidão não é mais exterior, mas sim interior, pois é o agente ou o próprio sujeito que se submete voluntariamente à escravidão, é ele que, através de sua atividade, é autor da sua própria servidão"[35].

---

35. ABENSOUR, M. *Sobre o uso adequado da hipótese*. In: *O esquecimento da política*. Op. cit., p. 165-166.

Espinosa não está certamente falando de exploração negreira, nem a este fenômeno se refere o famoso conceito de servidão voluntária de La Boétie, mas esse caminho reflexivo tem afinidade teórica com o problema da libertação jurídica pura e simples, suscitado por Luiz Gama. A frase do abolicionista é de fato notável, porque reivindica implicitamente a ótica compreensiva, ao trazer à tona a dimensão subjetiva da experiência humana do liberto, antecipando em um século a perspectiva analítica (a psicologia clínica) do psiquiatra e ativista Fanon: "Eu me dediquei neste estudo a abordar a miséria do negro. Tátil e afetivamente. Não quis ser objetivo. Aliás, a verdade é: não me foi possível ser objetivo"[36].

Se fizermos incidir uma luz de fundo marxista sobre o problema trazido pela frase de Luiz Gama, poderemos inicialmente depreender que o "humano" não é algo imanente ao ser individual e sim uma virtualidade inscrita no conjunto das relações sociais. Isso afeta a questão da liberdade. Acabando-se o domínio direto de um homem (o senhor) sobre outro (o escravo), começa o domínio das condições de produção sociais regidas pela mercadoria. Em termos mais explícitos, a dominação e a repressão diretas sobre o corpo do indivíduo dão lugar à exploração pelo trabalho.

A libertação do escravo acontece, portanto, no quadro de substituição da tortura física pelo fetichismo (a abstra-

---

36. FANON, F. *Pele negra, máscaras brancas*. Ubu, 2000, p. 20.

ção ou ocultação do poder) da mercadoria. Entra em cena um novo senhor, o capital, indiferente à qualificação humana do liberto: ideologicamente, a depender do quadro interpretativo, o trabalho poderia tornar-se a própria "essência perdurável do homem" (Marx), ou então o disfarce da degradação humana, como deixaria transparecer o dístico nazista no pórtico do campo de concentração de Auschwitz (*Arbeit macht frei*, "o trabalho liberta"). Essa "libertação" degradada destinou-se ao negro, uma vez que o ex-escravo e seus descendentes não foram socialmente "semiotizados" como trabalhadores passíveis de qualificação profissional requerida pelas ocupações emergentes no âmbito do capitalismo industrial. A "essência perdurável" simplesmente não contemplava o negro, tornado humanamente irrelevante no interior da forma social escravista.

A frase de Luiz Gama vislumbra profeticamente o vácuo no reconhecimento da personalidade do liberto; isto é, a negação de sua possível estabilidade em termos de pensar, agir e sentir. Numa outra aproximação de sentido, denuncia a infantilização do liberto, solto no mundo como órfão do Estado e concebido como ente sem voz própria (*infans*, aquele que não fala, ou criança), logo, a quem se nega a liberdade de decidir e, mesmo, de ser infeliz, portanto, de pensar a sua miserabilidade.

É oportuno evocar Pascal: "A grandeza do homem é grande quando ele sabe que é miserável. Uma árvore não sabe que é miserável. Saber que é miserável é, então, ser miserável, mas é grande saber que é miserável"[37]. Grandeza e miséria ou infelicidade unem-se para indicar que a aceitação do paradoxo é humana e está inclusa na possibilidade de afeto por si mesmo, como transparece num verso do americano Walt Whitman, autodeclarado poeta do corpo e da alma: "A afeição ainda resolverá os / Problemas da liberdade / Aqueles que se amam / Tornar-se-ão invencíveis".

O ex-escravo não dispunha de um quadro social que lhe permitisse amar a si mesmo. Assim, na frase do abolicionista Luiz Gama, antevê-se o problema existencial da libertação política, ou seja, o problema da condição de quem precisa continuamente desembaraçar-se de uma identidade reputada como subumana. Em outros termos: libertar-se *de* ou *para* alguma coisa. Daí então, o imperativo de recusar a suposição *societária* (econômica, política) de que a vida pessoal possa ser delimitada pela dimensão econômica, senão pelas regras da empregabilidade. Aí se entrevê a filosofia do liberalismo, cuja expressão ontológica mais simples ("*ser = ter*") e cuja ética se apoiam na hipótese mercantil de que a vida econômica conduz a uma antropologia moral. Para Stuart Mill, corifeu do liberalismo, "a única liberdade que merece este nome é a que consiste em cada um buscar o seu próprio bem à sua própria maneira, desde que não tente privar os outros da sua ou impedir de alcançá-la"[38].

---

37. BARALLOBRE, G.M. *Pascal – o homem é uma cana que pensa.* Salvat, 2017, p. 94.

38. STUART MILL, J., apud HERMET, G. *Culture et démocratie.* Unesco/Albin Michel, 1993, p. 56.

Nessa lógica individualista e desigualitária, até hoje persistente, de que valores simbólicos – esses mesmos inscritos nos aportes civilizatórios dos povos implicados na diáspora negra – possam reduzir-se a uma equivalência monetária, inscreve-se o horizonte da libertação jurídico-política: a mera disponibilização salarial da força própria de trabalho. De uma maneira geral, os abolicionistas eram liberais que encaravam a liberdade como propriedade – do próprio corpo ou de bens com valor de troca. Disso dependeria a formação do caráter: "homem bom" era o homem com bens. Não conseguir empregar-se equivalia a não ter estofo moral.

Gama pôde antever porque já era capaz de discernir em outros discursos abolicionistas a ausência de referências à virtualidade política ou cultural do homem negro concreto. Ou seja, o africano e seus filhos eram conotados como vazios de possibilidades quanto à construção de uma *Polis* aceitável ou de uma nova civilidade, por não serem percebidos como sujeitos de um valor absoluto com um fim em si mesmo (perspectiva kantiana para a definição de pessoa) e sim como valor relativo ou valor de meio. O liberto, portanto, conotado como sujeito de poder social *zero*.

Essa perspectiva é radicalmente *ética*, não referida à codificação de regras de conduta nem a ajustamentos morais, e sim a tudo que implique um destino comum, norteado pela razão fundadora da comunidade dos homens. Refere-se, portanto, a um apelo radical à dignidade do ato de habitar e de conviver responsavelmente.

Não é um movimento abstrato: sob a ótica da ética, liberdade não significa apenas ausência de repressão ou de coerção física, nem propriedade econômica de bens, mas *potência* – de ação política, de participação social ou simplesmente de não agir nos termos desejados pela sociedade civil saída da escravatura.

A não ação é também potência

A palavra "dignidade" é aqui relevante e pertinente por ser indissociável, em Kant, de duas outras características do humano: a liberdade e a razão. Segundo ele "no reino dos fins, tudo tem um preço ou uma dignidade. O que tem um preço pode ser substituído por qualquer outra coisa, a título de equivalente; ao contrário, o que é superior a todo preço e em consequência não admite equivalente, é o que tem uma dignidade"[39]. Ou seja, a dignidade é a única condição capaz de fazer com que uma coisa tenha um fim em si mesmo, portanto, um fim intrínseco e não relativo. A dignidade entendida como "valor interior absoluto", gerador do respeito ao si mesmo, é o farol da ética. Esse farol, o valor, é imanente ao agir humano: uma imanência dinâmica, comum a toda habitação humana num espaço determinado; isto é, ao que corresponde a exigências radicais da própria vida.

Ética é precisamente o movimento de escuta dessa dinâmica abrangente, maior do que os limites da sub-

---

39. KANT, I. *Metafísica dos costumes*.

jetividade instituída, mas imanente a qualquer modo de existir. Pela ética – não pela economia – se aspira à clareza e à luminosidade da existência humana. Isso é o que advém na *abertura* inerente à existência e se materializa na *perspectiva* que, politicamente, se conquista por meio da liberdade, compreendida como a afinação ética e política com a plenitude do modo de existir, e não como a formação de cidadãos "morigerados, industriosos e moralizados". Estes eram os atributos da moralidade operária que ressoavam ao pé da letra nas expectativas das classes dirigentes quanto à mão de obra livre e posta no mercado.

Gama, um abolicionista original, antecipou um ponto crucial: Contornando o imperativo ético da dignidade e a exigência política de uma libertação com perspectivas existenciais, a Abolição apenas transferiria o nível da escravidão, de uma forma jurídico-política societária, portanto, de uma estrutura ou um sistema lógico, para o que estamos chamando de *forma social escravista*, em que o racismo se revela constitutivo.

Se fosse aqui o caso de adotar uma perspectiva macroexplicativa (de natureza marxista, p. ex.) para o fenômeno, teríamos certamente de recorrer às muitas indagações já feitas sobre a via "não clássica" de transição do escravismo colonial e imperial – sustentado pela velha classe latifundiária – para a industrialização de tipo capitalista e a urbanização progressiva. Mais de um intérprete do Brasil se debruçou sobre as peculiaridades da transformação da questão agrária, operada "pelo alto", sem compromisso com camadas subalternas e com preservação de barreiras contra a cidadania plena.

O que aqui de fato nos interessa teoricamente é a elucidação da forma escravista, que escapa às macroexplicações. A primeira inclinação (como acontece na interpretação imediata de uma forma qualquer) é confundi-la com a imagem de um objeto determinado, por exemplo, a escravidão. Ela seria, assim, um signo ou a mera representação do fenômeno. Mas, como diz Focillon: "O signo significa, enquanto a forma *se* significa". A frase contempla o trabalho artístico, em que é enorme a diferença entre formas e ideias. Mas é precisamente do mundo das artes que se pode partir com o conceito de forma para apreender algo que um sistema lógico não revela, ou seja, a dinâmica ou a atividade dos afetos.

Por exemplo, a *escola é uma forma*. De quê? De incorporação de saberes e de promoção de conexões pertinentes. É, mais precisamente, uma forma cultural. Nela, o essencial não está nos conteúdos nem nos suportes técnicos, mas na modalidade espaçotemporal, institucionalmente assumida pela transmissão cultural, que é a *escolarização*. Como resultado autônomo da produção/reprodução da unidade de um sistema, a forma-escola separa a transmissão de qualquer sistema fixo (prédios, suportes técnicos etc.) para radicá-la no próprio processo de escolarização. O princípio educativo moderno está nessa forma, que opera, por meio da definição de um espaço particular, uma conexão entre o interno (a transmissão técnica de saberes) e o externo (as flutuações da vida social ou da história).

Sendo estrita definição de espaço, a forma "reproduz-se, propaga-se no imaginário, ou melhor, consideramo-la como uma espécie de fissura através da qual podemos introduzir num reino incerto, que não é nem o espaço nem a razão, uma multiplicidade de imagens que aspiram a nascer"[40].

Uma vez mais, recuperamos aqui uma observação atinente ao campo artístico no sentido de que "as formas que vivem no espaço e na matéria, vivem no espírito", para acentuar a inexistência de antagonismo entre espírito e forma na dimensão social.

Como se fosse uma obra de arte perversa, a forma social escravista cria a "relação racial" na esteira de uma histórica desconfiança residual ou uma aversão existencial ao indivíduo de pele escura, marcando espaços materiais e psíquicos nas relações intersubjetivas, embora gerando imagens convenientes de negação do racismo *stricto sensu*. Diz Coccia: "Qualquer forma ou qualquer coisa que chegue a existir fora do próprio lugar se torna imagem"[41]. No caso brasileiro, a forma escravista é o que existe fora do "próprio lugar", ou seja, fora da sociedade escravista do passado, ao modo de uma "vida depois do corpo".

---

40. FOCILLON, H. *A vida das formas*. Ed. 70, 2001, p. 14.
41. COCCIA, E. *A vida sensível*. Cultura e Barbárie, 2010, p. 22.

Vale reiterar: "Uma imagem é a fuga de uma forma do corpo de que é forma sem que essa existência exterior chegue a se definir como aquela de um outro corpo ou um outro objeto"[42].

Essas imagens, que não são recordações nem ideias, correspondem a uma sensibilidade capaz de evoluir no espaço e no tempo a ponto de desembocar no conveniente negacionismo intelectual do anacrônico sentimento discriminatório que as anima; isto é, o racismo. Entretanto, esse racismo é hoje perfeitamente detectável, inclusive por experiências psicossociais relativas à persistência do racismo morfológico. Um exemplo: Num teste de imagem ou de aparência, convidam-se oito profissionais de recursos humanos, divididos em dois grupos (A e B) de quatro pessoas. A experiência consiste em exibir aos profissionais fotos diversas e perguntar o que veem em cada uma delas[43].

No grupo A, são brancos todos os indivíduos retratados: (a) A primeira imagem é a de um homem de meia idade que parece correr na rua. O que veem nela? Alguém que tem pressa ou está atrasado (b) na segunda, uma mulher examina numa loja um blazer elegante. O que veem? Uma designer de moda ou uma provável compradora; (c) na terceira, um homem, munido de

---

42. Ibid., p. 25.
43. O relato dessa experiência circulou aleatoriamente na rede eletrônica em 2020.

uma tesoura, faz a poda de plantas. O que veem? Um homem que cuida de seu jardim; (d) na quarta, uma mulher, de *spray* na mão, está em vias de desenhar numa parede. O que veem? Uma grafiteira, com o comentário de que grafitagem é arte; (e) na quinta, uma mulher executa uma tarefa numa pia doméstica. O que veem? Uma dona de casa em sua cozinha; (f) na sexta, um homem de terno azul-marinho, com paletó e gravata. O que veem? Um executivo de empresa, provavelmente de finanças ou de recursos humanos.

No grupo B, são negros todos os indivíduos retratados: (a) Na primeira imagem, o que veem no homem que parece correr na rua? Alguém que está fugindo, um ladrão; (b) Na segunda, a mulher segura o blazer para mostrá-lo ou vendê-lo, portanto, é uma vendedora; (c) na terceira, o que veem é um jardineiro em sua função na casa de um proprietário; (d) na quarta, a mulher é vista como uma pichadora de muros, não como artista do grafite; (e) na quinta, o que veem é uma empregada doméstica ou uma diarista, não a dona de sua própria casa; (f) na sexta, a imagem é interpretada como a de um segurança de *shopping*, senão de um motorista profissional.

A forma escravista

O teste de imagem faz *aparecer* a forma social escravista. De fato, afastada a hipótese pseudocientífica de uma "outra" raça dentro da esfera humana, a *aparência* (cor, cabelo, olhos, traços biométricos) avulta como um vetor antropológico decisivo para o fato discriminatório. Mas a crueza do fenômeno pode variar de acordo com as características históricas dos territórios nacionais, o que implica supor que as sociedades de acumulação primitiva do capital baseada no escravismo desenvolvem formas sociais de alta intensidade discriminatória.

A compreensão disso – a elucidação objetiva e subjetiva da vinculação entre afeto, representação e ação – e não apenas o entendimento obtido por descrições históricas, sociológicas, antropológicas e psicológicas, demanda um "além", uma sensibilidade social presente na base do senso comum, que indicamos como um caminho filosoficamente intuitivo da lógica da existência, essa mesma que supomos encontrar no conceito de *forma social*, uma realidade a ser buscada no meio vital onde são gerados os saberes comuns.

Ora, um saber anacrônico como o que está reconhecidamente implícito no racismo pode perder validade histórica, mas ainda assim deixar intacto o meio vital em que foi gerado e alojar-se numa forma social, onde prosperam representações e afecções sociais capazes de alimentar as crenças sobre a inferioridade humana do Outro.

Nada impede que, mesmo abolido o regime escravagista em termos políticos e jurídicos, uma sociedade com forte tradição patrimonialista e senhorial preserve relações sociais de natureza escravista por meio de um jogo de posições em que o lugar social do descendente de africanos já esteja ideologicamente predeterminado pela escassa visibilidade nos foros públicos, por meio de barreiras educacionais e empregatícias.

Tudo isso tem raízes históricas comprováveis. A partir de 1850, data que costuma assinalar o começo da decadência da mão de obra escrava na lavoura cafeeira, intensificam-se no parlamento brasileiro (Câmara e Senado) as discussões sobre uma política imigratória capaz de compensar a presumida deficiência da mão de obra negra, mas ao mesmo tempo de incrementar a modernização da civilização e dos costumes por meio de trabalhadores "morigerados, industriosos e moralizados". Isso quer dizer indivíduos radicalmente opostos aos estereótipos de preguiça e de vadiagem, atribuídos aos negros que, no Brasil, aspiravam à posse de terras e a meios de produção autônomos.

Já desde a primeira metade do século XIX eram notórias as discussões públicas, e até mesmo experiências práticas, sobre a imigração chinesa, com resultados precários. Nas entrelinhas – onde a brancura se desenhava como requisito importante para a inclusão de estrangeiros numa suposta "raça" brasileira – emergia a dicotomia da imigração desejável e indesejável. A República, no mesmo ano de sua proclamação, proibiu a imigração de asiáticos e africanos.

O senador Nicolau Vergueiro tornou-se pioneiro na importação de imigrantes europeus para as suas plantações, com esses mesmos critérios racialistas. Em fins do século XIX se intensificaram as tentativas estatais de atrair mão de obra anglo-germânica – criam-se sociedades protetoras da imigração –, o que depois permitiria caracterizar a organização do Estado republicano como baseada no aumento da população branca no país. Isso fez prosperar uma atmosfera social em que o "progresso civilizatório" seria aferido pela "melhoria" da coloração populacional, um processo que tinha no horizonte, graças ao evolucionismo filosófico e às doutrinas eugenistas, o desaparecimento progressivo do negro.

Enunciamos, então, uma proposição básica: *A sociedade escravista foi extinta no Brasil pela Lei Áurea (1888), mas a forma social escravista permanece até os dias de hoje. Supomos, portanto, (1) uma diferença entre o conceito de sociedade e o de forma social, sustentando que (2) a forma ultrapassa a materialidade da sociedade escravista, ao mesmo tempo em que mantém culturalmente a sua substância hegemônica, que é a colonialidade.*

A forma social escravista é de fato o modo como a sociedade pós-abolicionista *sonha* com um "além" societário. O sonho produz imagens do mundo. Racismo é o espelhamento social do sonho elitista de uma sociedade com um povo uno e depurado da "mancha da escravidão" (expressão de Ruy Barbosa), assim como das exasperações identitárias, sejam morfológicas ou culturais. Essa forma faz parte, no limite, daquilo que o escritor Monteiro Lobato chamou de "processo indireto" de recomposição da exclusão do ex-escravo.

Ainda na primeira metade do século XX, Lobato – o escritor infantojuvenil (logo, um educador heterodoxo) de maior sucesso em sua época, para quem era difícil "ser gente no concerto dos povos" com negros africanos criando aqui "problemas terríveis" – dizia em carta ao amigo Godofredo Rangel que "a escrita é um processo indireto de fazer eugenia, e no Brasil, os processos indiretos *work*, muito mais eficientemente".

Lobato era militante do movimento eugenista. "Processo indireto" é, para ele, o racismo sem doutrina gritada, da cordialidade patronal ou paternalista (tanto em que seus textos ficcionais se pode encontrar um ambíguo afeto para com os negros) e presente de modo oblíquo nos discursos eugenistas que transitaram de fins do século XIX até o terceiro milênio.

Essa particular compreensão da forma social escravista/racista parte da necessária distinção entre *representação* (maneira de conceber o mundo ou a realidade das coisas) e *crença*, ou seja, o fato de incorporar a realidade tal e qual, portanto, é um motor ou a energia das representações coletivas[44].

A forma institucional não se reduz à materialidade propriamente dita da instituição. Assim, o modo de realização da forma institucional "ultrapassa os mecanismos de gestão, de produção das normas, conferindo-lhe certa plasticidade, que decorre do que lhe acontece como signo

---

44. Cf. JEUDY, H.-P. *Fictions théoriques*. Leo Scheer, 2003.

da transformação de uma sociedade. Ela aparece publicamente como estando em construção"[45]. Essa forma toma o lugar de ideologias que já não mais vigoram, para perpetuar determinados dispositivos de representação.

Da mesma maneira, *forma social* distingue-se de *sociedade* e pode dar continuidade a representações passadas. O "societário" (ou a dimensão dita "oficial") diz respeito às unidades estáveis da organização coletiva, como os sistemas territoriais, as indústrias, as associações voluntárias, as cooperativas etc. Já o "social" propriamente dito refere-se aos laços de parentesco, de amizade e de sociabilidade que se fazem e se desfazem, sem a durabilidade do que está implicado no societário.

Uma forma social contorna a dimensão societária.

Este é o caminho que leva à compreensão de como uma sociedade politicamente democrática pode conviver com formas de vida protofascistas. Assim, a forma social pode ser historicamente assimétrica à modernidade das formas de produção vigentes, desde que não existam condições culturais nem educacionais para a simetria. Isso é possível por motivo da prevalência, a partir de um determinado momento histórico, da hegemonia (controle ideológico ou cultural) sobre a dominação monodirecional inerente ao fator exclusivamente econômico da relação escravista, em que o escravo é apenas mercadoria – "peça viva" ou "coisa que fala". De fato, o campo da

---

45. Ibid., p. 110.

hegemonia comporta uma dupla via discursiva, mesmo assimétrica em termos de liberdade de ação, em que a fala subalterna é mais do que um eco do senhor de escravo pela possibilidade de negociar (p. ex., o resgate da liberdade) e de articular estratégias culturais (irmandades, liturgias, ludismos).

Um primeiro passo metodológico nos conduz a confrontar a ideia de *sociedade* (entendida como uma totalidade de *relações* de produção e de dominação dentro de um mesmo conjunto) à ideia de *cultura*, entendida como saberes e comportamentos distintivos aprendidos e transmitidos aos membros de um grupo humano. *Social* e *sociedade* são noções aplicáveis a modos de organização tanto humanos como animais, enquanto cultura – que abarca formas de mediação como crenças, artes, ritos, pensamentos e configura uma dimensão moral ou afetiva – restringe-se à dimensão humana.

Um segundo passo leva à distinção entre *vinculação originária* (em que nascimento e morte presidem à existência comum) e *relação secundária*, denotativa das conexões nas esferas da produção e da exploração, mantidas pelos grupos entre si dentro de um mesmo conjunto ou para com outros conjuntos. Nessa dimensão secundária a sociedade impõe-se como uma totalidade ou um sistema de relações diferenciadas, mas tendentes, em última análise, à homogeneidade de uma esfera comum apoiada em instituições e organizações, onde se desenvolvem os papeis societários, socialmente funcionais.

Ao enunciarmos a persistência da forma escravista na consciência histórica, incluímos a demanda de inteligibilidade de um "além" da superfície societária, de uma "sensibilidade social", irredutível ao domínio conceitual do *mainstream* sociológico, voltado apenas para o *entendimento* do objeto – as interações entre indivíduos em sociedade – ou seja, do fato social tornado "coisa". Esse entendimento tende a focar a sociedade escravista em sua monodirecionalidade econômica e jurídica.

Por isso se faz oportuna uma *perspectiva sociofilosófica*, como a de Simmel, que faz da *compreensão* – fenômeno original de vinculação do homem com o mundo – o instrumento metodológico não apenas do conhecimento histórico, mas também a base da interação subjetiva na vida social[46]. "Sociedade" ou "o social" não são, para ele, termos suficientemente explicativos da socialização (de fato, sociedade, assim como Estado, é uma invenção da modernidade), porque não tocam na estrutura das ações recíprocas, que incluem processos mentais.

A *socialização* é um fenômeno psíquico iniciado pela representação *a priori* de um indivíduo por outro (*tipificação* ou antecipação recíproca de caracteres pessoais), em que consiste basicamente a compreensão. Esta apoia-se na participação do indivíduo na experiência vivida, em que são fundamentais a empatia e a simpatia, de onde decorre o

---

46. Cf. SIMMEL, G. *Les problèmes de la philosophie de l'histoire*. PUF, 1985.

conceito de *forma social*, assumida por objeto e fenômenos experimentados tanto em nível individual como coletivo.

Histórias de vida

Os casos e as narrativas de vida são caminhos metodológicos indicativos dessa categoria nomeada como *forma social*, uma vez que geralmente *mostram*, mais do que *dizem*, as idiossincrasias ou aspectos do que possa haver de inexprimível na forma. Guardadas as proporções, vale ponderar comparativamente com o acolhimento teórico dispensado por Wittgenstein a histórias de detetives e filmes de faroeste, porque nisso que considerava narrações alegóricas ele via um modo de alcançar o indivíduo em sua *Innerlichkeit* (interioridade, espiritualidade). Nessas formas, para ele, o "místico" pode mostrar-se como uma qualidade direta ou imediata das emoções. Ou seja, alguma coisa não se explicita totalmente em palavras, porém se *mostra*.

Assim, com base num documento oficial do Ministério das Relações Exteriores[47], vamos nos deter sobre um caso de discriminação racial no Brasil, dentre muitos outros possíveis, em que se mostra a forma social escravista. Antes, vale apontar para uma oblíqua tradição "estética" no processo de seleção para a carreira diplomática. Sabe-se

---

47. O documento em questão, um "laudo psicológico", foi acessado em 2020 pelo jornalista Wellington Silva durante pesquisa para uma dissertação acadêmica no Programa de Pós-Graduação da ECO/UFRJ.

que José Maria da Silva Paranhos Júnior (1845-1910), Barão do Rio Branco, patrono da diplomacia brasileira, costumava selecionar pessoalmente, em almoços no Itamaraty, os aspirantes à carreira. Num desses, rejeitou a candidatura do poeta simbolista Antonio Francisco da Costa e Silva (1885-1950), pai do poeta, diplomata e historiador Alberto da Costa e Silva, por suposta inadequação estética. Nas palavras do historiador, o Barão argumentou: "Da Costa, você é muito inteligente, fala francês muito bem, conhece inglês, alemão e espanhol, mas você é muito feio [...]. Já dizem que o Brasil é o país dos macaquinhos, e se você for lá para fora vão verificar que isso é verdade"[48].

À primeira vista esse critério seletivo se alterou ao longo da história republicana, mas na realidade se introduziu a modulação racial como impeditiva de visibilidade pública aceitável. Se o poeta Da Costa e Silva era descrito como "nordestino e estrábico", o critério apenas deslocou o acento da feiura para a cor da pele. Esse tipo de desvalorização estética já vigorava publicamente desde o começo da forma social escravista, tipificado na atitude do Barão do Rio Branco, a quem se tributa também outro episódio, dessa vez inequivocamente relacionado à negritude. É que em 1909 se elege o pernambucano Manoel da Motta Monteiro Lopes, filho de africanos, como o primeiro deputado federal negro. Jurista, notó-

---

48. Esta é a versão do historiador Alberto da Costa e Silva, em entrevista à revista *Construir Notícias* (ed. 28). O episódio é também relatado por Pedro Nava em *Balão cativo*. Giordano, 1973, p. 183.

rio advogado de afrodescendentes, não raro era objeto de troças ("Tinteiro Lopes", p. ex.) na imprensa e, mesmo, em marchinha carnavalesca ("Monteiro Lopi / de colete branco / tomou a barca / foi pra Pretopi").

O Barão do Rio Branco, longevo Ministro das Relações Exteriores, inscrito na história como o agente da consolidação diplomática das fronteiras nacionais, preocupava-se igualmente com "fronteiras" internas, de natureza estética ou racial. Secundado pelo Presidente Affonso Pena, manobrou para tentar impedir a posse do parlamentar eleito, sem obter êxito, em virtude de forte reação popular. Como se vê, a regra interna do Itamaraty – a imagem do Brasil como um país de "belos homens brancos", nas palavras do Barão – estendia-se *extramuros*.

A documentação oficial evidencia a persistência dessa regra informal até 2002 quando foi adotado pelo Instituto Rio Branco o Programa de Ação Afirmativa (PAA), o primeiro de inclusão racial da Esplanada dos Ministérios. Era o resultado de compromissos assinados pelo Brasil durante a III Conferência Mundial contra o Racismo, em Durban, na África do Sul, em 2001. Por meio de concurso público, o PAA seleciona candidatos negros para receberem uma bolsa destinada a pagar as despesas com a preparação para o concurso de admissão à carreira de diplomata.

Vale deter-se um pouco sobre esse capítulo, pois é revelador dos ambíguos mecanismos de discriminação racial no país. Na realidade, o Itamaraty jamais solicitou declaração de cor a quem postulasse o ingresso na carreira diplomática. Mas vejamos um caso padronizado: em 1980, um candidato negro participa da seleção. Evidentemente, não havia nenhuma barreira legal no processo seletivo – isto é, nenhum veto de natureza estrutural à candidatura –, o que teoricamente respaldaria qualquer juízo de afirmação do fim da sociedade escravista e, portanto, da igualdade de todos perante a lei. Entretanto, barreiras formais estavam embutidas em "avaliações psicológicas" e em entrevistas que incluíam a análise da aparência dos candidatos.

O "laudo psicológico" não constituía barreira legal (era um fato "societário"), mas deixava implícita a persistência do escravismo excludente. Nele, o candidato é descrito como "pessoa resistente e de baixa adaptabilidade". Até aí o discurso desfavorável é apenas "técnico" e poderia aplicar-se a qualquer postulante. Mais adiante, torna-se explicitamente racista: "Autoimagem bastante negativa (o que pode, parcialmente, *ter origem em sua condição de 'colored'*, mas não unicamente)".

Esse juízo é a transcrição vulgar do que está na base do senso comum "branco" ou da *leucodoxia*, que se manifesta como uma evidência afirmativa, quase proverbial e aplicável a outros tipos de discriminação racial, a exemplo do antissemitismo: "O judeu é um hiperintelectual arrivista e comerciante, diferentemente dos verdadeiros trabalhadores presos nas redes inumanas da selva social"[49].

---

49. KORINMAN, M.; RONAI, M. Le modèle blanc. In: CHATELET, F. *L'Histoire des ideologies – Savoir et pouvoir du XVIIIe au XXe siècle*. Hachette, 1978, p. 270.

Neste particular, o juízo negativo não incide sobre a cor, mas sobre uma especificidade comunitária ou religiosa. No caso em pauta, em que está implicado um negro, a "evidência" tida como assertiva seria a insatisfação do indivíduo com a sua própria pigmentação, fonte de suposta autoimagem negativa.

No quesito "aparência", avaliado por uma comissão de diplomatas, três ministros votam como "regular", um como "razoável", outro como "boa". No quesito "raciocínio", um dos avaliadores considera que o candidato tinha "dificuldade de ordenar o pensamento", dois votam como "regular", um como "médio" e um como "normal". Avaliação definitiva: *"inconveniência de que o candidato seja admitido às provas finais de 1980 ao Curso de Preparação à Carreira de Diplomata"*.

Este episódio é significativo primeiramente porque no centro do discurso oficial de exclusão está o critério da imagem ou da aparência fenotípica, a matéria concreta e sensível em que se apoia a forma social escravista. Ou seja, a forma não se define como uma espécie de envelope do fenômeno, e sim como a própria materialidade da vida social. O laudo não é propriamente psicológico, mas *imagístico*.

Depois, é significativo que a concretude do fenômeno seja institucionalmente gerida pelo Ministério das Relações Exteriores, mais conhecido como Itamaraty, várias vezes apontado por ativistas como um dos setores mais discriminatórios do negro no Brasil. Retornemos por um instante ao episódio da apresentação do Corta-Jaca, apostrofado por Ruy Barbosa: havia o tabu do *lugar* – o palácio presidencial, de trânsito reservado a objetos e discursos de procedência europeia – mas também a presença de representantes diplomáticos, fontes virtuais de imagens do país no exterior.

Por ocasião da presença da delegação brasileira na ONU para discutir a questão do *apartheid* na África do Sul (1968), o escritor e ativista Abdias do Nascimento denunciava: "Não temos embaixadores de cor negra e nem qualquer negro na função de representante diplomático, enquanto até os Estados Unidos, país notoriamente racista, delega a algumas dezenas de negros a chefia de suas missões diplomáticas em diversos países do mundo"[50].

Na verdade, o escritor deixava primeiramente de lado o conhecimento histórico de que o negro baiano

---

50. Esta denúncia data do final da década de 1970. Em 2021, a carreira totalizava 1.537 diplomatas, dos quais 5% são negros; em sua maioria, jovens que ingressaram nos últimos 10 a 12 anos. Supõe-se que "barreiras invisíveis" (as promoções meritocráticas no Itamaraty não obedecem a nenhum critério objetivo claro) para a ascensão profissional de diplomatas negros e negras expliquem em parte a sua ausência em cargos relevantes da hierarquia interna e dos postos de maior destaque. Em setembro de 2021, a imprensa noticiou com destaque a presença de três diplomatas de carreira negros, pela primeira vez, na embaixada brasileira em Washington e na Organização dos Estados Americanos (OEA). Até então não havia nenhum diplomata negro em cargo de embaixador do Brasil no exterior, mas Sílvio Albuquerque, cônsul-geral do Brasil em Vancouver, tinha sido aprovado pelo Senado em 2020 para o cargo de embaixador no Quênia. Haveria mais três embaixadores negros, embora nem todos assumam no Itamaraty esse "lugar" racial.

Francisco Jê Acaiaba Montezuma foi ministro plenipotenciário (embaixador) do Brasil junto ao Império Britânico em meados do século XIX. Depois, passava por cima do episódio da nomeação do primeiro embaixador negro da república (1961) pelo presidente Jânio Quadros. Aparentemente, levava em consideração que o jornalista Raymundo Souza Dantas não era exatamente um diplomata de carreira, além de ter sido alvo de preconceitos por parte do Ministério durante todo o exercício de sua função em Gana.

De fato, a amargura dá o tom do balanço posterior feito por Souza Dantas de seu périplo africano:

> [...] Continuam as decepções [...]. O meu propósito é apenas registrar que não passa de drama o que todos consideram conquista: ser Embaixador. [...] Repito não desejar ocupar-me das decepções que tenho sofrido de parte daqueles que, talvez por ser eu o Embaixador, procuram criar toda espécie de obstáculos em meu caminho, dificultando ainda mais o desempenho de funções que já são difíceis por natureza. [...] Sei que não conto com quem quer seja, no Brasil, que no Itamarati não tenho cobertura, que o presidente da República nem se lembra de suas Missões em África, que ninguém nos atribui importância[51].

---

51. DANTAS, R.S. *África difícil*. Ed. Leitura, 1965, p. 40.

Esvaziado, sabotado pelo pessoal diplomático – "Tive que descobrir tudo por mim mesmo, sob o risco de comprometer a Missão", relata – Souza Dantas terminaria pedindo demissão, alegando razões de saúde. A realidade, porém, é que "o fácil se tornou difícil, o difícil pareceu-me impossível. Recordar aquele período, que aponto como de iniciação dura, amarga e dramática iniciação, é o mesmo sem dúvida que relembrar um pesadelo"[52].

Este depoimento é teoricamente significativo, porque evidencia a oscilação entre os fatos de uma sociedade que aboliu jurídica e politicamente a escravidão e os fatos da persistente forma social escravista. Não é a mesma oscilação que podia ser detectada em casos excepcionais num regime como o *apartheid* sul-africano, não escravista no sentido clássico da expressão, embora brutalmente segregacionista, tanto em termos físicos como legais.

Vale cotejar os casos brasileiros com o de Hamilton Naki, um sul-africano negro (falecido aos 78 anos de idade, em maio de 2020), cuja história de vida foi apontada no obituário da revista *The Economist* como uma das mais extraordinárias do século XX. Grande cirurgião, Naki foi quem retirou do corpo da doadora o coração transplantado para o peito do receptor, em dezembro de 1967, na cidade do Cabo, África do Sul. Foi a primeira operação de transplante cardíaco humano bem-sucedida, coordenada pelo cirurgião-chefe da

---

52. Ibid., p. 92.

equipe, o branco Christiaan Barnard, que se tornou uma celebridade instantânea.

Por conta das leis segregacionistas, Hamilton Naki não podia operar pacientes nem tocar no sangue de brancos, não podia sequer aparecer nas fotografias da equipe, exceto se identificado como jardineiro. Sem jamais ter estudado medicina, era tido como um gênio da cirurgia, que aprendeu assistindo a experiências com animais. Por sua excepcionalidade, foi requisitado por Barnaard para a sua equipe, onde funcionou como professor de estudantes brancos e como cirurgião clandestino durante quarenta anos.

O caso de Naki define-se como de semiclandestinidade social, portanto, diferente do caso relatado do brasileiro, em que o ministério dito de "relações exteriores" é *societariamente* obrigado à abertura formal de suas vias de acesso funcional. Num regime racista também societariamente estruturado, como foi o caso do *apartheid* sul-africano, a mediação entre o vínculo intersubjetivo e a sociedade oficial era operada por algo semelhante ao que Rethel chamou de "síntese social"[53]; isto é, uma série de funções institucionais que orientam explicitamente comportamentos e atitudes. Para ele, as estruturas do pensamento socialmente necessário a uma época estão estreitamente ligadas às formas assumidas pela síntese social.

---

53. Este conceito é introduzido por Alfred Sohn-Rethel em *Lavoro intelletuale e lavoro manuale – Teoria della sintesi sociale*. Feltrinelli, Milano, 1979.

Esta é uma perspectiva multidimensional sobre a complexidade das *representações sociais* de um grupo, historicamente apreendidas em sua dinâmica institucional.

No regime de *apartheid*, as representações do ser nacional elaboradas pelo poder de Estado (logo, garantidas por leis) legitimavam a segregação institucional dos indivíduos de pele escura, abrindo eventuais exceções para estratos populacionais com alguma relevância em termos econômicos, a exemplo dos indianos, classificados como "brancos honorários".

Na forma social escravista do tipo brasileiro, o racismo institucional não se legitima por legislação (pelo contrário, existe uma lei penal que tipifica o racismo como crime); no entanto, é exercido na prática por perversões institucionais orientadas por representações derivadas de uma *reflexividade social* específica. O caso do Ministério das Relações Exteriores se oferece à evidenciação empírica. Mas igualmente se oferecem outros setores da vida social em que é pregnante a questão da imagem externa, ainda que confinada aos limites do território nacional.

Por exemplo, a imprensa: em sua fase artesanal, era parte ativa do sistema escravagista, divulgando a compra e venda de cativos, notícias de fugas e informações de auxílio às capturas. Depois, da indiferença à escravidão, passou a acolher de modo titubeante o movimento abolicionista. Já na fase industrial, em plena república, pautou-se pela defesa da imigração europeia, implementando uma inconfessa política editorial de apagamento da cidadania negra tanto em suas páginas publicadas como no processo de produção jornalístico. Intelectuais coletivos das classes dirigentes, logotécnicos da reflexividade social desejada, os meios de comunicação configuravam verdadeiras usinas de negação representacional do homem negro.

Ao lado do racismo morfológico, comparece o racismo cultural. Este outro tipo de negação, como já vimos, não incide diretamente sobre o indivíduo, mas sobre o complexo civilizatório e cultural afro-brasileiro, com o *racismo religioso* como uma de suas variantes. É oportuno retomar o caso de uma exposição de arte sacra negra (esculturas, pinturas, joias, emblemas, vestuários, instrumentos musicais) organizada pelo sacerdote e artista plástico baiano Deoscóredes M. dos Santos e pela antropóloga Juana Elbein dos Santos e montada pela primeira vez no Museu de Arte Moderna do Unhão, em Salvador, no ano de 1965[54]. A exposição representou o Brasil no Festival Internacional dos Direitos Humanos em Lagos, na Nigéria e depois em Gana e no Senegal.

Narra Luz: "Até aí, o Itamarati apoiou a exposição, pois mostrava ao público africano a continuidade dos valores tradicionais em nossa terra. Devido à total falta de informação do contexto sociocultural negro no Brasil,

---

54. Cf. LUZ, M.A. *Agadá – Dinâmica da civilização africano-brasileira*. Edufba, 2013, p. 443-446.

assim como dos africanos em relação a nós, a exposição foi uma verdadeira ponte de intercâmbio intercomunitário em meio aos espaços oficiais. Todavia, quando a Unesco fez um convite para realizar a exposição em Paris, o Itamarati, na época, não só retirou seu apoio como ainda fez o possível para obstaculizar a sua realização"[55].

O que aconteceu? Em termos curtos, a exposição era oficialmente aceitável quando se tratava de negros para negros. Mas deslocada dessa posição para outra destinada a brancos ou europeus, enfrentava o veto da difusão da imagem cultural negro-brasileira. Foi inútil, entretanto, o gesto do Ministério das Relações Exteriores: "Pelo contrário, [a exposição] foi realizada no Palácio da Unesco, e a sessão de inauguração da Reunião Anual foi feita na própria exposição, tendo que estar presente o então embaixador brasileiro em Paris, o general Aurélio Lira Tavares"[56].

Reflexividade social

As representações são fundamentais para assegurar o *poder reflexivo* da sociedade; isto é, a conceitualização da realidade social a partir do espelho em que o *socius* hegemônico pretende se reconhecer. Não se trata de *ver* (perceber e compreender) a realidade tal como se apresenta e daí constituir as opiniões ou as crenças que possam confluir para uma imagem social,

---

55. Ibid., p. 444.
56. Ibid.

e sim de aderir a um modelo de representação anterior à percepção. Isso é a *reflexividade*: a sociedade captura a si mesmo num espelho, que é o cenário desejado e supostamente capaz de garantir o seu desenvolvimento ou o seu futuro inalterado.

Não se representa aquilo em que se acredita: acredita-se naquilo que se representa, ou seja, nos sistemas de representações que se constroem como prevenção contra a diversidade e a instabilidade das crenças. Pode acontecer que uma forma institucional de representação da realidade não coincida exatamente com o modo concreto de sua organização, mas de toda maneira a oriente conceitualmente. Diz Jeudy: "A realidade em que nós vivemos, essa realidade que acreditamos construir parece ser apreensível apenas nos efeitos de uma representação produzida e sustentada por palavras com referência certa, palavras que, repetidas de maneira encantatória, confirmam a nossa compreensão e legitimam as nossas ações"[57].

Nessa dinâmica, o conceito exerce muitas vezes uma pressão *injuntiva*; isto é, um tipo de força que une e acelera a representação à ação, mobilizando a adesão pública ao modo de se representar um objeto social qualquer. Mas os estados mentais e as opiniões são também *injuntivamente* induzidos – acrescentando-se a instância sensível

---

57. JEUDY, H.-P. *Fictions théoriques*. Coll. Manifestes. Éd. Léo Scheer, 2003, p. 111.

ou afetiva ao par representação/ação – pelos "pré-conceitos"; isto é, pelas crenças baseadas na autoridade da família, da escola e dos grupos de vizinhança, que ainda não alcançaram a formalização conceitual.

Uma sociedade escravista precisa acreditar na naturalidade da exploração física e gratuita do trabalho exercido sobre o corpo alheio e para isso constrói as representações que estabilizem essa crença, por mera força explícita de conceitos. Raça é, na verdade, uma representação baseada em falsos conceitos, que podem derivar tanto de critérios biológicos como políticos. Se não há uma caracterização evidente – se a referência não é a pigmentação –, simplesmente inventa-se a raça e, por consequência, as fronteiras raciais destinadas à neutralização político-social do grupo humano visado.

As sociedades *leucocráticas* – isto é, segregacionistas por leis e por distanciamento físico – caracterizavam-se por regimes jurídicos díspares. No Brasil escravagista (embora com uma leucocracia "matizada" durante o Segundo Reinado), um negro alforriado era juridicamente apto à compra e posse de um escravo, o *servus vicarius*, a exemplo do já citado personagem "Prudêncio", de Machado de Assis. Isso não ocorria nos Estados Unidos anterior à Guerra Civil, onde a linha diferencial de cor assimilava todo e qualquer negro à condição escravista e, logo, lhes barrava o direito de posse a propriedades imobiliárias ou pessoais.

Mas além do regime jurídico, em casos como o *apartheid* político-jurídico sul-africano (1948-1994) e o *apartheid* político-social americano, era imperativo naturalizar por conceitos a crença na inferioridade antropológica do concidadão negro, afirmando socialmente a sua supremacia racial. A força do conceito excluía a possibilidade de alforrias ou de quaisquer recursos jurídicos.

Nos tipos acima descritos, o lugar do negro se acha marcado, seja pelo modo de produção escravista, seja por uma sociedade explicitamente segregacionista, apoiada em leis e em ideologias racistas. O que acontece se em vez de ocupar um espaço *societariamente* marcado, o negro torna-se, ele próprio, um "lugar" lógico-político-social no interior de uma dinâmica contraditória de relações sociais atravessadas pelo imaginário das raças?

Um espaço adrede marcado pela ordem social significa uma imobilização "topográfica" do homem em medidas já dadas, ao modo de reservas existenciais, sem abertura para o que na vida é criativamente infinito. O lugar em questão, entretanto, é "topológico", no sentido de uma possibilidade de deslocamento ou redefinição da posição que os corpos ocupam relacionalmente no espaço. Da suposição filosófica de que lugar seja "aquilo pelo qual vem determinada a interna possibilidade de algo" (Heidegger), deduz-se a ideia de lugar como mobilidade possível dos indivíduos na dinâmica de rompimento dos espaços fixados por um sistema, ou seja, lugar como um "próprio" ou "si mesmo", inassimilável a quaisquer demarcações conceituais prévias – logo, às classificações morfológicas socialmente instituídas. Não é o poder absolutista de um linguístico "lugar de fala", mas a descoberta de caminhos próprios ou de uma mobilidade inesperada. É isso que torna concebível a luta organizada dos negros contra o racismo.

Mas o lugar semioticamente "móvel" do negro comporta ambiguidades, pois é também possível uma conveniente "mobilidade" conciliatória das formas de discriminação. Uma sociedade de aspiração liberal, embora com um passado fortemente escravista, pode desenvolver uma forma de vida capaz de conciliar a representação universal do ser escravo (construída principalmente pelos fatos históricos do tráfico negreiro no Ocidente) com a singularidade do relacionamento entre claros e escuros no território nacional. A conciliação desemboca na *forma social escravista*, persistente na sociedade brasileira desde a Abolição.

Antes da Abolição, a discriminação era politicamente garantida, e o sistema jurídico mantinha o escravo em seu lugar determinado por meio de uma segregação explícita sem ocupar-se das brechas abertas por negros e mulatos na vida social.

Mas essas efetivamente existiam de modos multifacetados.

Veja-se a história de vida de Cândido da Fonseca Galvão, conhecido como Dom Obá II d'África (1845-1890). Nascido na Bahia, filho de um africano forro, neto do *alafin* Abiodun (soberano do reino africano de Oyó), militar honorário do exército brasileiro por feitos de bravura na Guerra do Paraguai, era aclamado como "príncipe do povo" nos bairros negros do Rio de Janeiro, onde morava. Ao longo dos debates e conflitos abolicionistas, ele serviu de elo entre escravos, libertos e altas esferas do poder. Vestido de fraque, cartola e *pince-nez*, falante de iorubá e latim, frequentava as audiências públicas de Dom Pedro II, de quem era amigo e protegido.

Esse episódio da vida social no Segundo Reinado – período em que quatro quintos da população trabalhavam à força – é singular por suas características algo pitorescas. Não faltava quem achasse "folclórico" o personagem Dom Obá II, passando à margem de suas sérias exortações abolicionistas e reflexões sobre a igualdade antropológica entre brancos e negros, em publicações patrocinadas por libertos.

O fato notável, segundo Del Priore, é que "na segunda metade do século XIX, daguerreótipos e, depois, fotografias ilustram a ascensão social de mestiços, então como bacharéis, médicos, engenheiros, militares, entre outras atividades. Apesar do preconceito, não é raro deparar com eles, vestidos de sobrecasaca, anel grande e vistoso no dedo, mulheres com saias de refolhos e ar de grande senhora nos antigos álbuns do Império"[58]. Prefere-se, como se vê, nominar como "mestiça" a diversidade cromática de negros,

---

58. DEL PRIORE, M. *História do amor no Brasil*. Contexto, 2005, p. 218.

pardos ou mulatos (assim como hoje a preferência ideológica na movimentação antirracista é categorizar pretos e pardos como negros).

Como explicar o fenômeno? Primeiro, já na metade do Segundo Reinado, mesmo durante os dez anos em que os conservadores se mantiveram no governo – apesar da pasmaceira econômica característica do período – tornavam-se visíveis as mudanças sociais resultantes do declínio do escravismo. O Império dormia em seu "sono dogmático" (expressão de Karl Marx), tão profundo que o famoso último baile do Segundo Reinado – em que se gastou o equivalente a 10% do orçamento da Província do Rio de Janeiro – aconteceu apenas uma semana antes do golpe militar que proclamou a república. Dormia-se de ouvidos tapados ao ruído das pressões dos setores antagônicos à exploração da força de trabalho escrava, dos quais provinham ideias republicanas, inclusive a aprovação da lei (1871) que libertava os filhos de escravos.

Por cima de todas as ambiguidades e da realidade brutal da exploração de massa escrava (afinal, a produção agrícola escravista sustentava o Império) transitava nas esferas de poder e de comando uma elite de brancos e mulatos com reconhecida influência na Corte Imperial. Numa argumentação viável, a sociedade escravista não inscrevia a hipótese biológica do "sangue negro" como um marcador diferencial, tal como aconteceu no segregacionismo americano, embora os mulatos pudessem ser considerados em determinados instantes como um estamento embranquecido. Isto se evidenciava mais fortemente em episódios de revolta, como a Cabanagem (no Grão-Pará), quando se registraram ameaças de morte a brancos e mulatos.

Mas também há claras evidências de que "a noção de 'cor' herdada do período colonial não designa, preferencialmente, matizes de pigmentação ou níveis diferentes de mestiçagem e sim buscava definir lugares sociais, nos quais etnia e condição estavam indissociavelmente ligadas"[59]. Não raro, ao obter a sua alforria, o negro "mudava de cor", propondo-se como "pardo" e, a depender do matiz fenotípico, como "moreno". Por parte dos brancos, havia certamente preconceito de pigmentação e de origem, porém é forçoso levar em conta que a história social dos enlaces amorosos dos brancos nacionais (notoriamente complementados por relações sexuais com escravas e libertas) caracterizava-se por uma vultosa procriação de pardos ou mulatos.

Há toda uma literatura ficcional e teórica de romantização e valorização da miscibilidade, mas uma medida ponderada do fenômeno pode ser encontrada no poema "Sabina"[60], em que Machado de Assis constrói e descontrói ironicamente o episódio amoroso entre uma escrava e seu jovem senhor. Assim, "Sabina era mucama da fazenda /

---

59. MATTOS, H.M. *Das cores do silêncio – Os significados da liberdade no sudeste escravista*. Nova Fronteira, 1998, p. 98.

60. Cf. ASSIS, M. *Americanas* [1875]. Vol. III de Obras Completas. Nova Aguilar, 2008, p. 550-556.

Vinte anos tinha; e na província toda / Não havia mestiça mais à moda, / Com suas roupas de cambraia e renda". Mas "se alguém lhe acende os olhos de gazela, / É pessoa maior: é o senhor moço". Otávio tinha "20 anos, e a beleza e um ar de corte / E o gesto nobre, e sedutor o aspecto".

O poema descreve longamente as circunstâncias de um encontro fortuito num rio e da visão arrebatadora da jovem nua. Otávio: "Oh! não me negues teu suave aroma! / Fez-te cativa o berço; a lei somente / Os grilhões te lançou *no livre peito / De teus senhores tens a liberdade, / A melhor liberdade, o puro afeto* / Que te elegeu entre as demais cativas / E de afagos te cobre..." Do encontro resulta um filho, mas "o coração do moço, tão volúvel / Como a brisa que passa ou como as ondas" leva-o a casar-se com "uma flor desbrochada em seus 15 anos, / Que o moço viu num dos serões da corte".

Irônico e cáustico, Machado desmonta o paradigma romântico da mestiçagem. Aparentemente, a isso não deram a devida atenção os intérpretes da brasilidade na Nova República, que prognosticavam a benevolência de um esperado e progressivo "amorenamento" da população. Ainda assim, um diagnóstico mais humanista do que o de Caio Prado sobre as relações entre homens brancos e mulheres negras durante a escravatura:

> A outra função do escravo, ou, antes, da mulher escrava, instrumento da satisfação das necessidades sexuais de seus senhores e dominadores, não tem um efeito me-

nos elementar. Não ultrapassará também o nível primário e puramente animal do contato sexual, não se aproximando senão muito remotamente da esfera propriamente humana do amor, em que o ato sexual se envolve de todo um complexo de emoções e sentimentos tão amplos que chegam até a fazer passar para o segundo plano aquele ato que afinal lhe deu origem[61].

Pretendendo descrever uma realidade brutal, o texto de Caio Prado é igualmente brutal por sua adesão a uma noção primária de sexualidade. Muito melhor do que isso, entretanto, apenas um verso irônico de Machado – "a melhor liberdade, o puro afeto" – resume toda a armação ideológica da forma social escravista, que preservaria nas mentes das elites patrimoniais a dominação colonial.

Não há dúvida, porém, de que no Império muitos pardos ascenderam socialmente, ocupando posições de destaque na burocracia do setor público, na esfera legislativa e nas Letras. Foi, assim, notável a presença de uma intelectualidade "escura" nas letras e no jornalismo, não raro em articulação com o próprio Dom Pedro II, que se tornou, aliás, acionista de uma das maiores editoras da época, pertencente ao tipógrafo negro Francisco de Paula Brito. Ali foram impressas as primeiras obras do negro

---

61. PRADO JR. *Formação do Brasil Contemporâneo...* Op. cit., 1976, p. 342-343.

Machado de Assis, o maior escritor brasileiro em todos os tempos.

Da medicina até a política e ao jornalismo, redes de sociabilidade (além da maçonaria e dos partidos políticos) se constituíam, favorecendo a presença intelectual de negros e mulatos na cena pública nacional. Deputado, jornalista e ministro de destaque no Império foi o negro Francisco de Sales Torres Homem. Era negro o político baiano Francisco Jê de Acaiaba Montezuma, Visconde de Jequitinhonha, abolicionista, figura central na vida pública do Segundo Reinado (foi parlamentar, embaixador, Ministro da Justiça) e um dos maiores oradores de seu tempo.

Igualmente singular, também no plano coletivo, é que à margem da estrutura educacional excludente se tenha desenvolvido desde o século anterior uma elite importante de "escuros" nas artes plásticas, na música, na arquitetura e na literatura, como observa Araújo: "No século XVIII, muitos dos principais artistas brasileiros eram negros ou mulatos, e via de regra todos pertenciam a confrarias que estabeleciam os contratos para a confecção de imagens, para pintura dos tetos etc."[62]

Em Minas, Bahia, Pernambuco e Rio de Janeiro, principalmente, a presença da arte escrava nas igrejas dava aos obreiros negros e mulatos uma visibilidade que,

---

62. Cf. ARAÚJO, E. (org.). *A mão afro-brasileira: significado da contribuição artística e histórica*. Tenenge, 1988.

embora não lhes garantisse qualquer ascensão social, era uma via de maior liberdade na movimentação urbana e, mesmo, de fama. Isto foi bem corroborado por Mário de Andrade: "Os nossos mestiços do fim da Colônia glorificam a 'maior mulataria', se mostrando artistas plásticos e musicais. Só bem mais tarde é que darão representações literárias notáveis"[63].

Em torno das confrarias se desenvolviam formas de educação heterodoxa, que contornavam a exclusão de negros forros por parte do sistema educativo oficial, afastado dos estratos pobres ou subalternos da população. O resultado de uma longa pesquisa empreendida pela historiadora Costa Acioli em arquivos de irmandades religiosas, no Museu do Estado, no Instituto Arqueológico, Histórico e Geográfico de Pernambuco e em jornais da época, aponta para a presença maciça de escravos e ex-escravos entre os mais de mil artífices e artistas que trabalharam na construção de igrejas e na produção de imagens sacras, além do douramento de cornijas dos altares e das sacristias[64].

Do ponto de vista do reconhecimento histórico por parte da sociedade global, tudo isso foi, como ressaltou Mário de Andrade, "uma aurora que não deu dia", uma

---

63. ANDRADE, M. O Aleijadinho. *Aspectos das artes plásticas no Brasil*. Martins, 1965, p. 18.

64. Cf. ACIOLI, V.L.C. *A identidade da beleza. Dicionário de artistas e artífices do século XVI ao XIX em Pernambuco*. Massangana/Fundação Joaquim Nabuco, 2010.

vez que a marginalização socioeconômica do negro o mantinha longe do sistema educacional, e consequentemente dos circuitos institucionais que levam ao reconhecimento cultural. De fato, embora donos de um ofício e de maior visibilidade urbana, não conseguiam elevar-se socialmente, a exemplo dos agricultores e comerciantes. Mas não era apenas isso: atravessado pela forma social escravista, o imaginário atuante nas elites intelectuais também não conseguia assimilar os arcabouços cognitivos inerentes às formas de vida indígenas e africanas. Os discursos liberais da Abolição da Escravatura e da Proclamação da República eram letra morta no que a eles dizia respeito. Posteriormente, ao longo do século XX, o ingresso do negro na vida artística brasileira se pautaria sempre por atividades que não tivessem como pressuposto uma organização institucional rígida, como eram os casos da música ou dos esportes.

2
DA ESTRUTURA À FORMA

Como se pode ver, a *estrutura* escravista – entendida como a organização interna de uma realidade ou então como um *a priori* incondicionado – comportava brechas ou fissuras, a despeito do fechamento institucional. No balanço posterior, porém, isso foi de fato "uma aurora que não deu dia", como se verificou em seguida à Abolição, quando a estrutura deu lugar a um esquema existencial derivado de relações espaçotemporais com o afro-brasileiro – isto é, deu lugar à forma social escravista –, que implica, no limite, uma máscara ou uma maquiagem da discriminação racial. Esta, mais do que "estrutural" na acepção rigorosa do termo, é de fato concreta e vital, o que implica uma *historicidade* singular.

A história de vida de Nilo Peçanha (1867-1924), o sétimo presidente da República, caracteriza parcialmente o funcionamento dessa forma social. Um dos políticos mais destacados do século XX, ele nasceu em Campos dos Goytacazes, filho de um modesto padeiro (conhecido como "Sebastião da Padaria") e de uma filha de agricultores, gente pobre que às vezes o alimentava, segundo suas próprias palavras, "a pão dormido e paçoca". Tinha pele escura, o que permite classificá-lo fenotipicamente como negro, preto, mulato ou pardo. Desta gradação não tinha dúvidas a imprensa da época, que costumava publicar charges e anedotas sobre a sua cor, nem os círculos aristocráticos de Campos, que a ele se referiam como "o mulato do Morro do Coco", em alusão ao bairro pobre de onde provinha.

Como relacionar essa história à forma social escravista? Para começar, as "dúvidas" identitárias partiam do próprio Nilo que, embora abolicionista, recusava-se a ser identificado como não branco. Costumava esconder por maquiagem a cor da pele. E tudo isso pôde ser visto por Gilberto Freyre como uma espécie de drible futebolístico – por malícia e negaça – nas restrições racistas de toda ordem. Nilo casou-se com mulher branca (neta do Visconde de Santa Rita e bisneta do Barão de Muriaé), um feito escandaloso na época. Teve uma carreira política fulgurante no parlamento e no estado até a vice-presidência da república quando, por morte de Afonso Pena, tornou-se presidente (1909-1910).

Esse tipo de conduta pode certamente ser avaliado como uma estratégia ascensional, em parte comparável à de outros presidentes da república, como Campos Sales, Rodrigues Alves e Washington Luis, que teriam ocultado ancestrais africanos em suas famílias. A diferença é que Nilo Peçanha, visivelmente "escuro" e publicamente colocado no centro de polêmicas sobre a sua identificação racial, era um afrodescendente que advogou em favor da Abolição, mas não queria ser chamado de negro ou mulato. Entretanto, durante o seu curto governo se criou o Serviço de Proteção ao Índio (SPI) como um anteparo às investidas etnocidas das empresas construtoras de ferrovias nos estados do Sul. O SPI foi, então, entregue a Cândido Rondon.

O que Gilberto Freyre viu posteriormente em Peçanha como "negaças" semelhantes ao jogo do futebol pode ser considerado igualmente como denegação de uma aparência socialmente desvalorizada. Para o âmbito teórico da análise aqui empreendida, importa assinalar que o caso de Nilo Peçanha não teria passado pelo mesmo painel de incidentes algumas décadas antes, durante o Segundo Reinado, quando um político de cor escura era socialmente aceitável. Se a estrutura escravista tinha fissuras, a forma social escravista, pós-abolição, passaria a ter negação e mascaramento – *negar* publicamente a anterior sociedade escravista e *mascarar* em público e em privado a visibilidade do descendente de africano. Aliás, até mesmo antes da abolição, em meio aos sintomas de enfraquecimento dessa sociedade, registrava-se o fenômeno da *autonegação* de escravismo por parte de proprietários de terras e de escravos.

Na prática, tratava-se na pós-abolição de silenciar o negro (a exemplo do escravo na Grécia antiga, que era *aneu logon*, sem voz pública) e torná-lo socialmente invisível. É uma posição de poder análoga àquela do sadismo libertino, nos termos de Barthes: "Fora o assassinato, só existe uma característica própria aos libertinos que jamais partilham de forma alguma: é a palavra. O mestre é aquele que fala, que dispõe de sua linguagem por inteiro; o objeto é aquele que se cala, fica separado, por uma mutilação mais absoluta do que todos os suplícios eróticos, do que qualquer acesso ao discurso, já que nem mesmo pode receber a palavra do mestre"[65].

O discurso sádico do mestre espraia-se de formas diversas no pensamento social brasileiro sobre o negro. Cerca de meio século atrás, o sociólogo Costa Pinto, autor de um celebrado estudo sobre o negro no Rio de Janeiro, identificava qualquer movimento social afro-brasileiro como "racismo às avessas". Dizia ele: "Duvido que haja biologista que depois de estudar, digamos, um micróbio, tenha visto esse micróbio tomar da pena e vir a público escrever sandices a respeito do estudo do qual ele participou como material de laboratório". Em outras palavras, o negro não deveria sair da inocência, não deveria sequer falar sobre si mesmo, para não quebrar o imperativo do silêncio que pesa sobre todo bom objeto de ciência. Sendo "coisa", não deveria ser, como se dizia no passado, "coisa que fala".

Um exemplo icônico de silêncio mutilante é dado pela imagem da Escrava Anastácia, condenada no século

---

65. BARTHES, R. L'Arme du crime. *Tel Quel*, 28.

XVIII a usar até o resto da vida uma máscara de ferro sobre a boca. Na amplitude mítica da história (é controvertida até mesmo a existência da escrava), o silenciamento é o aspecto mais visível da tortura infligida à personagem, que se tornou objeto de culto religioso por parte de descendentes de escravos.

Nilo Peçanha enquadra-se nessa forma, que comporta uma exteriorização do indivíduo negro – para além dos limites adrede traçados pela estrutura escravista – mas segundo as regras de funcionamento de um sistema indireto de operações destinado a preservar o distanciamento social e a hierarquia relacional. Primeiro, a forma escravista produz uma diferença entre o dentro e o fora, para depois se constituir como unidade dessa face dupla e se expor como modo de vida ou como uma figuração lógica da existência.

Mas essa forma não é uma realidade apenas externa e concretizada na trama objetiva das instituições, e sim algo que atravessa a interioridade dos atores sociais, sob a égide de representações que privilegiam fortemente as aparências, ou seja, a cor dos sujeitos. Determinadas palavras podem constituir "gatilhos" representacionais que acionam a forma social. Por exemplo, a palavra "babá" é automaticamente associada à imagem escravista da ama de leite (que aleitava os filhos de senhores) ou da ama seca (que dispensava cuidados ao já desmamados), com uniforme branco e uma eventual touca também branca, que vai servir para marcar o seu espaço funcional e o seu distanciamento social: longe dos círculos mais íntimos, das piscinas etc.[66]

No caso relatado sobre a instituição diplomática, é precisamente a palavra "exteriores" que convoca a forma escravista, pois dali se irradiará em âmbito internacional, concretizada na figura do representante diplomático, a imagem externa do cidadão nacional, que a consciência discriminatória das elites dirigentes não deseja ver confundida com a do afro-brasileiro. Os departamentos culturais das embaixadas costumam projetar a imagem do país supostamente branco-ocidental, matizado pelo destaque do futebol e das escolas de samba. Para se fazer uma ideia do alcance dessa ocultação, vale lembrar que o presidente norte-americano George Bush (Bush pai) disse não saber que existissem negros no Brasil.

A *exterioridade* é de fato uma categoria crucial na compreensão da forma escravista, porque assinala por diferença espacial um limite absoluto na relação existencial. Explica Ledrut: "A diferença 'espacial' é apenas exterioridade, primeiro nível e primeira Forma da existência. Existir é existir com. Ou ser com é, de início, não *ser aquele (ou aquilo) com quem (ou com que) se é*. A existência é, pois, em primeiro lugar, a coexistência da espacialidade, a *negação* recíproca dos existentes, que é deles a primeira relação"[67].

---

66. Vale acrescentar à série a expressão "ama de cama", que designa a exploração sexual de negras e pardas por senhores brancos. A palavra *ama* é de origem basca e significa "mãe".

67. LEDRUT, R. *La forme et le sens dans la Société*. Librairie des Mé-

A espacialidade é entendida como um "estado de separação", que pode ser abstrato nas artes, mas é bastante concreto no funcionamento da forma escravista. Esse estado pode ser pesquisado nas várias instituições nacionais em que se trate da "exportação" (ou coexistência) de uma imagem interna: na imprensa, por exemplo, a tradicional ausência de negros tanto no nível da mão de obra quanto das representações produzidas. Já sob a égide do Estado, o trabalho institucional das "relações exteriores" suscita o fenômeno de rejeição do indivíduo classificado como *colored*, cuja substância ou matéria está no mero aparecer da forma escravista.

Assim, a forma tem um *sentido*, que depende de relações espaciais e temporais mantidas com um entorno específico. Ela é compreensível no âmbito dessa dependência ou desse relacionamento, produzindo modalidades específicas de racismo.

Compreender a forma

Já na *Metafísica*, diz Aristóteles que *eidos*, forma, é a natureza íntima das coisas, aquilo que lhes constitui a essência ou protótipo, portanto, aquilo que, na qualidade de seu verdadeiro "aspecto", fixa os limites de uma determinada aparência (contrastando-a com uma verdade não arbitrária) ao mesmo tempo que define as suas possibilidades. O que faz do homem um ser racional é a sua for-

ridiens, 1984, p. 112.

ma ou essência, denominada "alma", porque é o que lhe permite mostrar-se como o que é. A definição de algo é também uma referência à sua forma ou essência, também denominada "alma", porque é o que lhe permite revelar-se como o que é.

Mas o que seria, finalmente, uma forma social?

Na explicação, Ledrut afasta-se em parte de Aristóteles: "É a forma que assume a vida humana em condições determinadas, que podem ser muito fugidias ou muito duráveis, muito localizadas ou muito dispersas, próprias a pequenos grupos e às vezes a redes sociais muito restritas e muito frouxas ou a grandes conjuntos de homens"[68]. Não se trata de essência (aristotélica), nem de substância, nem de mero efeito de uma invenção, e sim, como diz Ledrut, de "realidades mediadoras que têm a ver tanto conosco quanto com o que não é nós. Elas exprimem uma *relação* e desempenham ainda nesta perspectiva o papel mediador que lhes foi reconhecido. Não têm apenas um estatuto intermediário entre o concreto e o abstrato, o sensível e o inteligível, o individual e o universal, são também intermediárias entre os dois polos da relação existencial"[69]. Em outras palavras, a forma social não é um *tipo ideal*, a construção conceitual usada pela sociologia para acentuar indutivamente as características de uma classe de fenômenos,

---

68. Ibid., p. 47.
69. Ibid., p. 178.

com vistas à categorização analítica. É, sim, algo concreto e sensível.

"Forma social" não faz, portanto, referência à sociedade como um todo e sim a uma de suas expressões que se enraízam no espaço e no tempo, portanto, uma referência à vida social percebida de maneira limitada. Por ser concreta e sensível, ela é objeto de uma apreensão que se dá por intuição ou por um sentimento global, tal como se manifesta em climas ou em atmosferas. Não é um envelope ou uma aparência exterior, mas ao mesmo tempo um dentro e um fora, interior e exterior.

Na verdade, fora do quadro estrito da sociologia, a forma é algo que se aproxima do conceito de *determinação reflexiva* trabalhado por Hegel (*Ciência da lógica*, 1813), em que se concebe a conversibilidade entre o subjetivo e o objetivo por mediação da atividade sensível. Num mesmo ato, essas duas posições reencontram-se, ultrapassando a dicotomia. Nele igualmente o singular e o universal se reconciliam, de modo que o indivíduo negro é socialmente apreendido a partir da abstração conceitual do fenômeno escravista.

Pode-se exemplificar com outros modos estrangeiros ao Brasil a emergência dessa particular forma expressiva numa sociedade global. Caso notável é o da forma social islâmica surgida na transição da década de 1970 para a de 1980 no Irã, em meio a uma sociedade monárquica regida pelo Xá Reza Pahlevi, que vinha empreendendo uma modernização militar e industrial, pactuada com potências ocidentais empenhadas na exploração petrolífera. Apesar dos avanços liberais dos costumes (educação universal, igualdade de gêneros, controle do fanatismo religioso), embora sob o tacão de um feroz controle policial, vicejava subterraneamente a forma fundamentalista dos mulás e aiatolás, que irrompeu como um furacão vitorioso, constituindo-se em regime dominante.

Outro exemplo mais próximo é fornecido pelo embrião fundamentalista e racista de forma social que congrega milhões de adeptos do extremismo nativista nos Estados Unidos. Isso se tornou mundialmente evidente no início da segunda década deste século, mas desde fins do século passado já era notória a existência de numerosas organizações armadas nos Estados Unidos, capazes de configurar uma forma de vida baseada no extremismo de direita, ou seja, cultora do fanatismo moral e do milenarismo profético. Infere-se daí que a modernidade econômica, política e militar da maior potência mundial também não se mostra capaz de impedir a dinâmica regressiva e violenta de uma forma antidemocrática com alcance nacional.

Há, portanto, similaridades de forma social entre as hordas fundamentalistas sob o aiatolá Khomeini no início dos anos de 1980 e os supremacistas brancos que, sob Donald Trump, invadiram o Capitólio em janeiro de 2021. Em primeiro lugar se assemelham no fenômeno da "força da ignorância", que se entende como o potencial destrutivo (a *destrudo* ou pulsão de morte freudiana) presente na cega servidão voluntária a lideranças autocráticas. A modernização sob o Xá Reza Pahlevi contemplava a burguesia e a classe média instruídas de algumas cidades (Teerã, Tabriz, Isfahan, Qom e outras) esbatidas contra um fundo populacional de dezenas de milhões de pessoas que não sabiam ler nem escrever, mas eram o Povo do Livro; isto é, da obediência irrefletida ao Corão.

George Orwell estatui ironicamente: "Ignorância é força" (em 1984).

Essa força da ignorância, ampliada por voluntarismo ou deliberação, assinala o ponto de reversão da modernidade europeia que, desde o século XV, buscava compreender o homem como criatura destinada por Deus à liberdade de escolher o seu destino. Mas a modernidade universalmente imposta ou apregoada em nome exclusivo do capital e da tecnologia predatória jamais conseguiu dar respostas ao desamparo espiritual das massas empobrecidas e iletradas. Nem sequer respostas "linguísticas" ou dialogais às massas cada vez mais distantes do vocabulário social das pequenas burguesias urbanas. Um fanático ou um autocrata ignorante tem grandes, senão maiores, possibilidades de estabelecer contato "afetivo" com seus interlocutores também ignorantes.

Daí a emergência de formas sociais afins ao fanatismo religioso – em detrimento da educação e do conhecimento científico – reeditadas na intransigência monolítica das bulas doutrinárias, em que os seres humanos descendem diretamente de Adão e Eva, o planeta Terra é plano, a ciência é confundida com Satã e os valores de dicção da verdade têm sinais trocados. A ignorância com força transitiva é capaz de mover poderosamente as massas tanto numa região de baixo desenvolvimento econômico e social como num país com uma sociedade civil ocidentalizada e grau elevado de desenvolvimento tecnológico. Assim é que em fins da segunda década do século XXI, a quase divinização do líder direitista (Donald Trump) instalado na presidência da república americana tinha "semelhanças de família" com as invocações xiitas ao aiotolá iraniano, proclamado como *imã*, suposto representante do deus que incitava as multidões à morte do "infiel".

Numa temporalidade vivida como catastrófica, o retorno imaginário ao *status quo* defendido pela Confederação sulista e escravista nos Estados Unidos, portanto, o domínio do nativismo branco, é análogo ao sonhado retorno ao califado ou tempo islâmico do Profeta. Na verdade, tanto faz se o movimento sinaliza para trás (a ideia de restauração) ou para frente (a ideia de continuidade impregnada de valores tradicionalistas), o que importa é o seu caráter culturalmente regressivo ou "retrópico": o presente é inaceitável tal e qual. No imperativo de destruir para reconstruir a partir do zero, o terror é aceitável.

A ignorância histórica emerge, assim, como força tática. Para isso concorre a religião que serviu como fundamento pré-político da sociedade democrática; isto é, a mesma que no Pentateuco inscreve a maldição de Noé contra os africanos sob a égide de um Deus guerreiro, implacável para com seus supostos inimigos. "Legitima-da" pela sombra mítica do passado, a retropia é o avesso do republicanismo de Kant (uma abordagem científica da política e dos meios de governo, com vistas à proteção do indivíduo por meio de uma cidadania plena), que se legitima pela própria sociedade liberal.

Sociedades diferentes são capazes de manter "semelhanças de família" em formas sociais específicas, sem excluir sequer o terrorismo doméstico e externo: na verdade, o terrorismo não é realmente um "inimigo", e sim uma forma de ação recorrente dentro e fora dos Estados Unidos, voltada para a descontinuidade civil. Nessas formas sociais específicas, a religião, ainda que pós-secularizada, persiste como fonte obscurantista de valores irradiados para formas de vida contemporâneas. A apontada correlação entre o Irã e o Ocidente estende-se a outros casos, como o Iraque e o Afeganistão, especialmente este último, em que se revelou inútil a ocupação militar americana durante vinte anos até a humilhante retirada das tropas em 2021. Nos Estados Unidos, a reação de amplos setores do supremacismo branco ao episódio foi de admiração pelo extremismo islâmico, pois aí enxergaram "uma lição de amor pelo território nacional, pela liberdade e pela religião".

Pode-se inferir que temporalidade catastrófica, ignorância de massa e descontinuidade civil são vetores formais que desconhecem qualquer distanciamento geográfico e temporal. Não existe aí nenhum essencialismo religioso, mas uma reconstrução "incivil" (por rejeição da democracia, da ideologia dos direitos humanos e da aceitação da alteridade, inclusive a feminina) da normatividade liberal. As formas inerentes ao fascismo de barba e turbante são próximas do fascismo branco-americano.

No Brasil, a forma social escravista não é nenhuma "essência" da escravidão, e sim a reconstrução como forma expressiva de uma realidade desejada por elites dirigentes. Trata-se do mecanismo adequado à transmissão da senhorialidade e da fidalguia. A forma está no conceito do fenômeno corretamente observado, que se constitui num ponto essencial do movimento de pensá-lo. Não se confunde, entretanto, com o conceito: a forma induz intuitivamente a um "clima" social concreto e extensivo a todos, porque compõe uma sensibilidade coletiva – por meio de elementos visuais, auditivos e táteis – que serve de base ao senso comum e é capaz de produzir um conhecimento inseparável da atividade e da afetividade.

Ao se falar de sensibilidade em geral, a referência é a vida prática e a emotividade. Mas a sensibilidade social implica representação, afeto e ação concreta. O que é o concreto numa forma social? Em princípio, a sua materialidade aqui e agora, pois a forma tem matéria ou consistência, que se impõe. Ela representa a unidade de uma multiplicidade de aspectos da vida social, da qual tenta se distinguir, sem realmente conseguir, uma vez que realiza a matéria, negando-a. Falar de forma social escravista é falar de uma síntese realizada entre a vida singular imediata e uma ideia de subordinação que se universaliza em modalidades diferentes de formas de vida. A escravatura aparece na expressão forma social como algo universal que se concretiza na historicidade de atitudes e comportamentos particulares.

Apenas no interior dessa forma é que o racismo se constitui em problema social, senão seria um mero distúrbio psicológico.

Esse é, aliás, o deslize teórico em que incorrem as perspectivas psicologistas sobre o fenômeno racista. Não se trata efetivamente de considerar a rejeição ao outro apenas um ato individual ancorado em suposições anacrônicas, e sim de considerar a forma, que se impõe coletivamente no interior de um *campo emocional*.

Mas o discurso antirracista da descolonização é capaz de apresentar o racismo como uma doença que atinge tanto o colonizador como o suposto colonizado. Foi nesse sentido que Guerreiro Ramos pôde classificar o racismo como uma patologia social: "As pessoas de pigmentação mais clara tendem a manifestar, em sua autoavaliação estética, um protesto contra si próprias, contra a sua condição étnica objetiva. E é este desequilíbrio na autoestimação, verdadeiramente coletivo no Brasil que considero patológico. Na verdade, afeta a brasileiros escuros e claros"[70].

A argumentação desse destacado sociólogo assumidamente negro é pioneira ao caracterizar a incidência da

---

70. RAMOS, G. *Patologia social do branco brasileiro. Introdução crítica à sociologia brasileira*. UFRJ, 1995, p. 222.

afecção racista tanto no sujeito como no objeto. De resto, porém, a conscientização do problema fica longe do campo emocional ou do sensório global, onde se constituem por sensibilização as impressões discriminatórias. É que a reversão descolonizante de imagens racistas trabalha só no nível intelectualista da conscientização de atos e comportamentos. Assim, as palavras de luta nos movimentos antirracistas, as correções operadas pela linguagem "politicamente correta", a penetração gradual em espaços anteriormente vedados (universidades, mídia etc.), as pretensões a um lugar de fala exclusivo, enfim, o incremento da visibilidade pública do negro confere empuxo político-social à cidadania desvalorizada, mas não atinge diretamente a historicidade do campo emocional em que viceja a forma social escravista.

Esse campo constituiu-se historicamente pela expansão de dois fatores sensíveis: a *impregnação* e o *medo*. Dentro da forma escravista, a economia do psiquismo não faz distinção entre interior e exterior. Impregnar-se significa *apreender* sinestesicamente (por consciência e por corporeidade) os valores e as sensações partilhados num campo emocional predominante. A exemplo do que acontece no uso de um perfume, o indivíduo é envolvido por uma capa de sentido intelectual e corporal, que o condiciona. A impregnação produz subjetividades em instituições como a religião, a família e a escola, abertas à "cientificidade" acadêmica que intensificou, com o advento da república, os discursos afins à política racista de embranquecimento da população, instilando a ideia de uma suposta aptidão superior do europeu para o trabalho industrial. "O insuportável mau cheiro da memória" (Carlos Drummond de Andrade em *Resíduo*) seria uma descrição apropriada para o racismo.

A ideologia intelectualista da mestiçagem – propugnada tanto por setores ditos "revolucionários" como por conservadores – enxergava na condição "morena" uma fenotipia mais clara do que escura, apostando na miscigenação como um ideal étnico/identitário. Entretanto, a força de impregnação dos valores atribuídos ao paradigma da branquitude é de tamanho alcance que nenhuma mestiçagem cultural latino-americana (hispânica ou lusa), apesar das doutrinas favoráveis, jamais conseguiu realmente superar as barreiras étnicas na vida social concreta.

Já por volta de 1820, José Bonifácio de Andrada, cognominado "Patriarca da Independência", pregava a formação de um país "homogêneo e puro"; isto é, com identidade branca. Ainda mais revelador é um pronunciamento do historiador cubano Jose Antonio Saco no auge da luta pela independência frente à Espanha, segundo Luz: "Ele desejava uma Cuba independente, porém embranquecida. Diante da iminência da hegemonia quilombola na constituição do processo de independência, expressava seus desejos: 'Só temos um remédio: branquear, branquear, branquear e então fazer-nos respeitáveis'"[71].

---

71. LUZ, M.A. *Agadá...* Op. cit., p. 272-273.

O medo, por sua vez, é a emoção mais instintiva e primal. Não se pode infligir amor ou ódio, e sim medo. É normal e humano ser tomado por essa afecção, ao mesmo tempo corporal e mítica, que implica na prática a antecipação imaginária de um perigo. O medo puro e simples ocupa um conhecido lugar central na existência do homem, hibridizando ódio e amor, atração e repulsa e, deste modo, fazendo parte da essência perigosa da comunicação, quando esta é definida como aquilo que acontece no limite da morte do ser individual para dar lugar ao vínculo, ao *comum*.

Diz Esposito: "É o que nos vincula com algo que já está dentro de nós, mas tememos que possa estender-se até nos conquistar por inteiro. Este algo que sentimos como nosso – e do qual, por isso mesmo, temos o maior dos temores – é precisamente o medo. Temos medo de nosso medo, da possibilidade de que o medo seja nosso, de que sejamos *justamente nós* que temos medo"[72]. Mas exatamente medo de quê? Para o autor, medo de não ser mais o que somos, de não sermos vivos, portanto, medo da morte. Ser mortal significa estar prometido à morte. O medo da morte é, na verdade, o mesmo que o desejo de preservar a vida, é a forma negativa do desejo. Atribuir-lhe um caráter de fundação é reconhecer também a sua ambivalência originária. Não se trata só de um investi-

---

72. ESPOSITO, R. *Communitas – Origen y destino de la comunidad.* Amorrortu, 2003, p. 54.

mento destrutivo e irracional, mas também racionalmente construtivo, no sentido de que determina agregação e união dos homens.

Essa é a importância da teoria de Hobbes, ou seja, a de mostrar, na trilha de predecessores como Platão e Maquiavel, que o medo está na origem de formas tanto negativas quanto positivas de Estado. Daí, o medo como potência politicamente produtiva, sem a negatividade destrutiva do terror, mas como explicação e sustentação do pacto social. Ou então, a sustentação de uma forma social, como a escravista, que não é certamente um pacto, e sim a unidade de elementos múltiplos, de natureza diversa, que não apareceriam se a forma não se impusesse como a *unidade imanente* a seus elementos. Explica Ledrut: "Esses [elementos] são constituídos como tais, como matéria nessa unidade e de acordo com ela, e a unidade da forma só existe em relação com essa multiplicidade"[73]. Os elementos múltiplos integrados pela forma são os discursos e os afetos que compõem a vida social e se oferecem como matérias "desintegradas" (sem a continuidade original) para a gênese da forma. Esta, primeiro, nega para depois retomá-las e reinterpretá-las.

Os "materiais" do medo coletivo ao negro confundiam-se inicialmente com a insurgência, que foi permanente ao longo do processo escravista, seja sob a forma dos suicídios ou dos quilombos, que se espalhavam

---

73. LEDRUT, R. *La forme et le sens dans la Société*. Op. cit., p. 40.

pelo território nacional. A prolífica historiografia desse medo registra como causas os eventos de grande magnitude real e simbólica em níveis nacionais e internacionais. Desde o século XVI, foi contínuo o processo de luta pela libertação do negro nas Américas (Venezuela, Colômbia, República Dominicana, Haiti, Cuba, Jamaica) em forma de comunidades-estados, com designações diversas como palenque, cumbe e quilombo. Nos séculos seguintes, tornou-se claro para os ativistas ou para a consciência libertária que o escravismo era essencial à economia e ao iluminismo europeu. Por isso, depois de consolidar as conquistas cívicas da Revolução Francesa, Bonaparte manteve e restaurou em 1802 a escravidão nos territórios franceses de ultramar, visando especialmente a colônia mais próspera, o Haiti.

Entre nós, ao longo do século XVII, o famoso Quilombo dos Palmares, estabelecido em Pernambuco, derrotou várias expedições de mercenários, suscitando o temor da fixação de um "reino negro-brasileiro". Foi destruído, mas deixou o medo. Este podia vir também de fora: em 1804, após uma vitoriosa guerra no estilo dos quilombos contra os franceses – sob a liderança inicial de Toussaint Louverture e, depois, de Jacques Dessalines – o Haiti tornou-se o primeiro país americano a afirmar a sua independência. "Haitianismo" é o nome que se deu às supostas influências ou ligações daquele país com os virtuais revoltosos brasileiros. Aqui, as rebeliões negras constantes (na Revolta dos Malês, em 1835, a própria capital da Bahia chegou a ser tomada por poucos dias) ampliavam o temor coletivo de insurgências.

A brutalidade da tortura escravista (tronco, açoites, ferro ao pescoço e ao pé, máscara da folha de Flandres e outras formas de suplício) era uma estratégia de resposta a esse temor permanente desde séculos anteriores. Fazia-se uma diferença entre o escravo rural e o urbano, especialmente o "negro de ganho" (basicamente, o carregador, com o cesto no braço e a rodilha a tiracolo, mas também outros, alugados para fora com outras funções) que, numa cidade como o Rio de Janeiro, ocupava as ruas para sustentar a si e aos seus senhores: nesses, também se infligia o castigo, porém matizado, geralmente menos brutal que no meio rural.

A punição não era uma *pena*, no sentido jurídico do termo, mas um meio sistemático de infligir medo – o que significa "aterrorizar" (do étimo latino *terreo/terrere*," fazer tremer"). Na prática, torturar. Terror é medo exacerbado e intenso – aliás, figura do medo imaginário, em que sinais ameaçantes confundem-se com a realidade – com efeito reversivo: individualmente, o terrorista compraz-se em seu ato, mas não escapa ao temor sistemático da punição. No plano coletivo, o Estado escravagista, fundamentalmente terrorista, temia a latência das insurreições.

Daí a conivência do Estado, por falta de controle ou de censura efetiva, com a violência senhorial. Freud amplia a chave explicativa: "Onde vem a faltar censura por parte da coletividade, a compressão dos maus instintos cessa e os homens passam a cometer atos de crueldade, perfídia, traição e brutalidade dos quais não acreditaríamos que fossem capazes se os julgássemos unicamente por seu nível de cultura" (cf. *O futuro de uma ilusão*).

O medo, porém, sempre foi muito além da revanche armada, estendia-se imaginariamente à dimensão cultural dos africanos e seus descendentes, mesclando-se com ressentimento e desprezo. Foi assim, por exemplo, nos Estados Unidos após a Abolição da Escravatura, quando se intensificaram os temores sulistas de que os negros pudessem constituir-se como rivais dos brancos na apropriação dos privilégios de classe social. Daí, a segregação como política de Estado referendada pela Corte Suprema.

No Brasil, o medo e a segregação assumiram outras modulações. Primeiro, a questão dos ludismos (cânticos, danças, folguedos, celebrações etc.), que eram sempre reportados por autoridades e jornais como manifestações "barulhentas" ou antitéticas à civilidade urbana. Depois, a questão das crenças que não coadunavam com os ritos cristãos e, por isso, tendiam a ser religiosamente classificadas como "feitiçarias", senão como distúrbios mentais. Apenas no Rio de Janeiro, o Museu da Polícia Civil abrigava a coleção denominada "museu da magia negra", hoje transferida para o Museu da República. São pouco mais de 500 objetos sagrados de cultos afro-brasileiros (vestuários e adornos de divindades, rosários, esculturas, instrumentos musicais, fios de conta e búzios, assentamentos litúrgicos etc.), apreendidos pela polícia carioca entre 1890 e 1946[74].

Neste último aspecto, a obra do baiano Nina Rodrigues, de repercussão nacional e internacional, foi paradigmática na tentativa de enquadrar os cultos afros no campo da psiquiatria (ainda nos dias de hoje se publicam trabalhos "científicos" que os associam à histeria), contribuindo direta e indiretamente para o incremento do medo e do desprezo por parte da pequena burguesia embranquecida. Não se trata apenas de incompatibilidade de crenças (não se invadiriam sinagogas, mesquitas ou templos budistas para apreender objetos de culto), e sim de uma discriminação mais profunda, destinada a desqualificar a possível demonstração de coerência litúrgica dos afrodescendentes[75]. Bastide: "Essa tendência a considerar as religiões africanas como traços folclóricos dava uma imagem estereotipada dos negros brasileiros que contribuía para desenvolver uma imagem racista do mundo"[76]. Aos olhos das elites dirigentes, a liturgia afro

---

74. No ano de 2020 foram transferidos para o museu, por pressão de várias instâncias do movimento negro, depois de um demorado diálogo institucional entre representações do Estado e lideranças religiosas, com o intuito de reparar um dos efeitos notórios da criminalização de crenças, alimentada pelos diagnósticos da psiquiatria eurocêntrica e pelos temores de "feitiçaria".

75. Já na segunda década do século XXI, registraram-se casos de ataques a mesquitas e sinagogas. É coisa nova, explicável pela proliferação de células neonazistas no território do sul brasileiro, como fenômeno colateral da extrema direita expansiva.

76. BASTIDE, R. *Estudos afro-brasileiros*. Perspectiva, 1973, p. 387.

não passaria de uma ilustração palpável daquilo que Diderot chamou de "estado de rebanho"; isto é, a aproximação por instigação simples da natureza, sem convenções nem instituições[77] – logo, uma panóplia assustadora de signos bárbaros.

Voluntaria ou involuntariamente, esses temores são também hoje alimentados pela mídia. De um modo geral, os atuais meios de comunicação de massa, com suas *elites logotécnicas* (articulistas, editorialistas, cronistas, editores, publicitários), intelectuais coletivos do bloco dirigente, continuam atravessados pela consciência eurocêntrica, negacionista da origem histórica dos afro-brasileiros. São intelectuais naturalmente "orgânicos" (no sentido gramsciano da expressão) com perfil traçado por uma tecnologia indiferente à sua feição ocidental-europeia. Não é incomum que muitos deles, nos países que compõem o chamado Cone Sul (Brasil, Argentina, Uruguai) abjurem publicamente de sua eventual condição "sul-americana", desejosos de pertencerem, branca e eurocentricamente, ao Anel Atlântico.

O vetor "medo" da forma social escravista pode então explicitar-se, como no seguinte trecho de um artigo jornalístico:

> Aos poucos, o Brasil se vai tornando mais
> uma grande república do Caribe; outro

---

77. Cf. DIDEROT, D. Supplément au voyage de Bougainville. *Oeuvres Completes*. La Pléiade.

México, uma inchada e paciente Jamaica ou Guatemala de dimensões continentais. Vem do Norte uma crescente e irresistível onda que vai lambendo o país, tomando de assalto sua cultura, sua política [...]. Estaria nascendo, enfim, um novo Brasil mais brasileiro, vale dizer, mais latino--americano, cucaracho, caliente, orgulhosa e assumidamente negroide, cubano [...]. A mineiridade, o humor quase britânico (civilizadíssimo) de Drummond e Machado já eram [...]. Dois Brasis: um país, digamos Cone Sul, mais próximo do Chile, da Argentina ou do Uruguai, e outro caribenho, de cuja existência não nos davamos claramente conta até ontem, mas que cresce como maré montante...

O discurso preconceituoso silencia naturalmente sobre a condição "negroide" de Machado de Assis e passa por cima do fato de que "civilização" pode ser apenas uma escolha conveniente a interesses de classe.

Esse discurso repete-se, porém, aqui e ali na grande imprensa, algumas vezes de maneira mais sutil, outras de modo ainda mais rebarbativo no tocante à impregnação cultural: "Boa parte do nosso subdesenvolvimento se explica em termos culturais. Ao contrário dos anglo-saxões, que pregam a racionalidade e a competição, nossos componentes culturais são a cultura ibérica do privilégio, a cultura indígena da indolência e a cultura negra da magia..."[78] Outro exemplo:

> Faz um século, não éramos quase nada. Um país formado de índios na Idade da Pedra, africanos na Idade do Bronze, e colonizado pela nação mais atrasada da Europa Ocidental. Os dois primeiros não possuíam escrita. Em 1900, Portugal tinha a mesma taxa de alfabetização (15%) que a Europa antes de Gutenberg. Os imigrantes da Europa Central fizeram diferença. Mas não foram tantos assim[79].

A partir de meados da segunda década deste século, esse tipo de discurso público tem sido inibido pela multiplicação de vozes negras em artigos de grande mídia, assim como pela intensificação do movimento antirracista nas universidades, nos coletivos de militância e na própria imprensa. Mas as citações em pauta são amostras significativas da transmissão racista inerente à forma social escravista. É um discurso política e ideologicamente *endocolonial* (o colonialismo interno, enquanto incorporação acrítica de valores coloniais do Centro mundial), já que explica o suposto "não ser nada" nacional por uma espécie de defeito qualitativo

---

78. Trechos de artigos no *Jornal do Brasil* (1982), do jornalista Fernando Pedreira, embaixador brasileiro na Unesco, no governo de Fernando Henrique Cardoso.

79. CASTRO, C.M. *O milagre brasileiro. Veja*, 14/07/2010.

da colonização: a diferença se faria pelos imigrantes centro-europeus (alemães, austríacos, poloneses, tchecos e outros), que ainda assim teriam sido em número insuficiente. Sem nenhuma evidência histórica de que os imigrantes da Europa Central tenham aqui chegado com recursos técnicos inovadores, a conclusão mais óbvia é que a sua suposta maior qualificação antropológica estaria no acordo com as diretrizes eugenistas de valorização dos cabelos louros e olhos azuis.

É como se a consciência elitista, até então convicta de seu pertencimento europeu, descobrisse por impregnação e medo o que as massas já sabiam há muito tempo, embora só o enunciassem na prática das liturgias cosmológicas, mitos, cânticos, danças, festas, jogos de continuidade simbólica: o país não tem uma, duas, três ou quatro identidades (falsa a tese dos "dois Brasil"), mas uma dinâmica múltipla de identificações, evidenciadas pela forte heterogeneidade sociocultural da realidade sul-americana.

Transfigurações

É notório o prognóstico do abolicionista Joaquim Nabuco no sentido de que "a escravidão permanecerá por muito tempo a característica nacional do Brasil". Entre outras interpretações possíveis, é um notável pressentimento dessa possibilidade de que a impregnação e o medo compareçam como vetores sensíveis da forma social posterior à estrutura jurídico-política da escravidão.

Esses vetores não subjetivizam (ou "psicologizam", ou "neuropsicologizam") a forma, pois o que nela efetivamente predomina é a realidade aparente de *representações transfiguradas,* construídas ao longo da história escravista com origem tanto na vida social concreta como fora dela, mas introduzidas ao modo de materiais acadêmicos e jornalísticos. A forma não é um fenômeno psicológico, mas uma totalidade concreta e real. O que nela parece uma convicção internalizada é mais bem compreendida como uma representação por meio da qual a consciência senhorial-escravista funde crença e ato dentro da indissociabilidade da forma.

Frisamos que a forma "nega" a inteireza dos materiais acadêmicos ao absorvê-los e reinterpretá-los de acordo com a historicidade presente. Por exemplo, a naturalidade da exploração do trabalho do escravo por um senhor, legalmente justificada durante o regime escravista, é agora negada – e conotada como uma barbaridade supostamente superada – mas permanece reinterpretada a partir das múltiplas representações que se acumularam ao longo da história sobre os africanos e seus descendentes. Assim, uma atitude de rejeição ao trabalho assalariado – que sempre foi uma reação sistemática do negro ao trabalho não autônomo – é reinterpretada como "preguiça". Ou então, acabado formalmente o terror infligido pela tortura física ao escravo, permanece a violência latente sobre o corpo do cidadão negro, a ser concretizada pela repressão policial.

Essa multiplicidade de elementos ou de representações não é um tipo de "infraestrutura" em que se busquem causas, porque a forma é *una*, numa relação de interioridade entre o dentro e o fora, o um e o múltiplo. O que dela se percebe é a exterioridade em que se mostram determinados aspectos da existência humana, que variam de comportamentos a instituições. Mas as relações externas estão ligadas às internas e compõem uma unidade que se impõe à experiência como uma *forma de vida*, nem apenas individual nem coletiva, mas enraizada no espaço e no tempo. Com efeito, o social que se vive ou se experiencia – outro modo de compreender *historicidade* – implica maneiras de ser ou de existir no relacionamento comum que se adquirem por treinamento vital e dependem de ações sensíveis ou instintivas em vez de racionais e reflexivas.

Outra maneira de explicar, guardadas as devidas diferenças, está na teoria do conhecimento elaborada pelo economista Friedrich Hayek e explicada por Dardot e Laval: "Hayek compartilha com Von Mises a ideia de que o indivíduo não é um ator onisciente. Talvez seja racional, como sustenta Von Mises, mas é, sobretudo, ignorante. É por isso, aliás, que existem regras que ele segue sem pensar. Ele sabe o que sabe por meio de regras, das normas de conduta, dos esquemas de percepção que a civilização desenvolveu progressivamente"[80].

---

80. DARDOT, P.; LAVAL, C. *A nova razão do mundo – Ensaio sobre a sociedade neoliberal.* Boitempo, 2016, p. 143.

Esta é, na verdade, uma afirmação coincidente com o que foi assinalado por Michel Foucault sobre o caráter inconsciente dos sistemas e das regras em relação às funções e às significações.

Dessa natureza são as *formas de vida* (*Lebensformen*) a que se refere Wittgenstein, sem defini-las, entretanto[81]. Isso pode ter provindo do conceito de *mundo da vida* (*Lebenswelt* ou vida cotidiana, calma e repetitiva), que na fenomenologia de Edmund Husserl se contrapõe ao mundo das ciências para deixar aflorar a subjetividade transcendental e depois, na reinterpretação de Habermas, ao mundo dos sistemas. Já comparece em Husserl a ideia de língua como conduta social. Em Wittgenstein, essas formas são mais restritas e dizem respeito a modos de agir ou atividades, o que permite relacioná-las a *jogos de linguagem* (*Sprachspielen*), por ele concebidos como o conjunto da linguagem e das atividades conexas.

Sob a ótica da filosofia analítica, que mais descreve do que define, a *fala* na língua é uma forma de vida. Wittgenstein é taxativo: "Conceber uma linguagem é conceber uma forma de vida" (§ 19 de IF). Mais: "Então afirmas que é a concordância entre as pessoas que decide o que é verdadeiro e o que é falso"? – "Verdadeiro e falso é o que os homens *dizem*; e é na *linguagem* que as pessoas con-

---

81. Cf. WITTGENSTEIN, L. *Investigações filosóficas*. Fundação Calouste Gulbenkian, 1987 [Em inglês: *Philosophical Investigations*. Oxford, 1953].

cordam. Não se trata de uma concordância de opiniões, mas de formas de vida" (§ 241).

A concordância pode referir-se a sentenças expressas em palavras, mas igualmente a qualidades ou características comuns a coisas diversas. Para isso, Wittgenstein propõe a noção de *semelhanças de família*, que não diz respeito ao que seria comum num conjunto de fenômenos diferentes, e sim a padrões complexos de semelhanças. Textualmente: "Em vez de especificar o que é comum a tudo aquilo a que chamamos linguagem, eu afirmo que todos estes fenômenos nada têm em comum, em virtude do qual nós utilizemos a mesma palavra para todos – mas antes que todos eles são *aparentados* entre si de muitas maneiras diferentes. E por causa deste parentesco ou destes parentescos chamamos a todos "linguagens"[82].

Mais precisamente, *jogos de linguagem* é o que ele propõe:

> Quero com isto dizer os jogos de tabuleiro, os jogos de cartas, os jogos de bola, os jogos de combate etc. O que é comum a todos eles? [...] Quando olhares para eles não verás de fato o que *todos* têm em comum, mas verás semelhanças, parentescos, e em grande quantidade [...]. E o resultado desta investigação é o seguinte: vemos uma rede complicada de semelhan-

---

82. Ibid., p. 227.

ças que se cruzam e se sobrepõem umas às outras. Semelhanças de conjunto e de pormenor (§ 66).

Mais: "Não consigo caracterizar melhor estas semelhanças do que com a expressão 'semelhanças de família', porque as diversas semelhanças entre os membros de uma família, constituição, traços faciais, cor dos olhos, andar, temperamento etc. sobrepõem-se e cruzam-se da mesma maneira. – E eu direi: os *jogos* constituem uma família" (§ 67).

Frisando que se pode jogar de muitas maneiras, Eco recorre a esse conceito wittgensteiniano para descrever o fascismo. Textualmente:

> Os jogos são uma série de atividades diversas que apresentam apenas alguma 'semelhança de família'. Suponhamos que exista uma série de grupos políticos:
>
> | 1 | 2 | 3 | 4 |
> |---|---|---|---|
> | abc | bcd | cde | def |
>
> O grupo 1 é caracterizado pelos aspectos *abc*, o grupo 2 pelos aspectos *bcd*, e assim por diante. O 2 é semelhante ao 1 na medida em que têm dois aspectos em comum. O grupo 3 é semelhante ao 2, e o 4 é semelhante ao 3 pela mesma razão. Note-se que o grupo 3 também é semelhante ao 1 (têm em comum o aspecto *c*). O caso

mais curioso é dado pelo 4, obviamente semelhante ao 3 e ao 2, mas sem nenhuma característica em comum com o 1. Contudo, em virtude da ininterrupta série de decrescentes similaridades entre os grupos 1 e 4, permanece, por uma espécie de transitoriedade ilusória, um ar de família entre o 4 e o 1[83].

Eco quer mostrar que nas variações do fascismo (franquista, salazarista, italiano, balcânico etc.) permanece um mesmo "jogo", capaz de adaptar-se historicamente, mas sem destoar, por suas "semelhanças de família", de uma *forma de vida* caracterizadamente fascista. O racismo brasileiro está genealogicamente próximo desta forma de vida: *é um fascismo da cor*. Assim, categorizar a forma social escravista como um jogo de linguagem significa aproximar uma noção pertinente ao campo teórico do pensamento social – forma social – de noções da filosofia de Wittgenstein, para sustentar que as duas categorizações se reúnem na possibilidade comum de descrever atividades e processos destinados a servir direta ou indiretamente a alguma finalidade humana.

Entretanto, a forma social tem mais amplitude do que a simples forma de vida, por se engendrar de modo mais complexo como uma transformação ou uma reorganização total de um aspecto expressivo da sociedade. Ou seja,

---

83. ECO, U. *O fascismo eterno*. Record, 2020, p. 40-41.

é uma determinada "naturalidade" da vida social que subentende a forma. Enfatizamos que as formas sociais aqui abordadas não são tipos-ideais nem quaisquer tipologias lógicas – portanto, não são abstratas nem gerais – e sim o vivido concreto que transparece sensivelmente.

A aproximação é possível porque, sob a ótica wittgensteiniana, linguagem é conduta social, logo, a significação de palavras, gestos e comportamentos se esclarece em sua ligação com práticas pré-linguísticas. Ou seja, o uso de um meio de expressão qualquer se baseia em reações primais ou simplesmente afetivas, que são as formas de vida (*Lebensformen*) apontadas pelo filósofo analítico. Essas formas, por ele identificadas como jogos de linguagem, são também vizinhas da ideia heideggeriana de *jogo da vida*, em que jogo se explicita como uma metáfora compreensiva para o processo ontológico do humano.

Da mesma maneira que as formas sociais descritas pela perspectiva compreensiva, as formas de vida wittgensteinianas não separam interioridade e exterioridade: a vivência psíquica é parte de uma forma. Isto significa que ela é uma conduta, tão submetida a regras de uso quanto a palavra pela linguagem. Daí também se infere que é necessário haver um conjunto de regras que permita o uso da linguagem, a exemplo de *jogos* capazes de ordenar a multiplicidade dos elementos que se cruzam ou se sobrepõem como *semelhanças de família*.

Essa regra, na prática, é o mesmo que um *hábito* ou o mesmo que indicadores de direção presentes num uso determinado de linguagem, senão numa instituição. No caso da forma social escravista, a *família* ganha maior ênfase teórica, por se definir concretamente como o verdadeiro sujeito do patrimonialismo – forma de vida tutelada pelo Estado brasileiro desde suas origens. Aqui, semelhança de família não é apenas uma expressão equivalente a analogia, mas a garantia de hierarquia social dada por padrões estritos de nascimento ou de inserção por relações de casamento e de compadrio.

Esse excurso analítico pretende chamar a atenção para o fato de que o conjunto de elementos múltiplos, denominado forma social, não é uma estrutura que possa ser integralmente assimilada a um sistema social, e sim uma totalidade concreta, de natureza orgânica, com um funcionamento regido por regras, a exemplo de um jogo de linguagem. Trata-se mesmo de mostrar que a forma social escravista não constitui uma estrutura assimilável ao sistema social que aboliu a escravidão e, no entanto, se enraíza espaçotemporalmente no vivido concreto dos cidadãos como um jogo levado a cabo por elites nacionais de longa data, que remontam ao período escravocrata. Um jogo que se propaga, quase como um "mecanismo espiritual", por hábitos pessoais e institucionais, de modo penetrante e transversal.

A regra básica desse jogo-forma é a *negação*, de origem simultânea à própria Abolição, quando se escamoteou o protagonismo do negro na longa movimentação libertária. Isso teve continuidade histórica, pois toda forma ultrapassa ou "nega" a matéria que a constitui, transfigurando-a. A forma social escravista realiza essa operação sobre uma diversidade de elementos para então organizá-los numa unidade. Um exemplo: a utilidade incontestável do trabalho escravo na agricultura cafeeira, na extração de metais preciosos, na construção civil, na ourivesaria, na culinária, no pequeno comércio de rua é transfigurada como "incapacidade técnica para a atividade fabril", até mesmo por um analista de peso da sociedade brasileira como Caio Prado, quando se tratou de explicar a recusa na contratação de negros para fábricas.

O que havia realmente por trás de avaliações desta natureza era a dificuldade de submeter os libertos às condições vigentes de exploração do trabalho. O sujeito do capitalismo nascente estava empenhado em romper com as barreiras do que considerava pré-capitalismo ou pré--industrialismo e basicamente voltado para a manutenção da propriedade sobre bens e pessoas, o que não implicava abertura para algo de realmente novo, e sim a conservação "renovada" da velha relação entre senhor e escravo.

Varria-se também para baixo do tapete historiográfico a memória registrada de que as elites dirigentes sonhavam com a saída dos negros do país, a exemplo do que os Estados Unidos faziam no século XIX com a Libéria, uma república inventada para receber os seus "libertos africanos". Proibia-se expressamente o desembarque de negros estrangeiros em portos nacionais, assim como se sugeria na Câmara dos Deputados, a partir da suposição de que como os negros brasileiros "não querem trabalhar", se poderia deixá-los "vender a retalho" (panos da costa, berimbaus etc.) e, em caso contrário, "sairiam imediatamente do país"[84].

De um modo geral, porém, a negação não é explicitada por discursos, pois está embutida em determinados aspectos da vida humana, que ficam mais nítidos como impressões tangíveis em comportamentos e instituições. Outro exemplo: os cultos às divindades de origem africana são negados como outro modo civilizatório de relacionamento com a transcendência, inicialmente transfigurados como "feitiçaria" ou "histeria coletiva" e depois – em virtude de mudanças na historicidade da forma – como manifestações folclóricas. A palavra "feitiço" de origem portuguesa no final da Idade Média, teve um curso semântico mais amplo ao longo dos séculos (p. ex., o "fetiche" presente na terminologia de Marx e de Freud), porém no Brasil fixou-se negativamente sobre as práticas religiosas afros.

Uma negação mais radical, porém, incide sobre o próprio estatuto humano da pessoa do negro. Esse estatuto é o que assegura ao indivíduo o seu invólucro moral (*persona* é nome latino para "máscara"), logo, a possibilidade ética de abertura de sua presença no mundo como sujeito de liberdade e de dignidade, no sentido

---

84. Apud CHALHOUB, S. *A força da escravidão – Ilegalidade e costume no Brasil oitocentista*. Companhia das Letras, 2012, p. 213.

aqui já levantado. A forma acomoda de maneira hesitante os discursos de discriminação racial, transfigurando-os como "acidentes" de linguagem na avaliação das disparidades socioeconômicas entre os cidadãos de pele clara e os de pele escura. A reinterpretação transfigurativa é o mecanismo que dá ensejo a outra negação corrente, de natureza intelectualista – a de que não existiria racismo no país, e sim juízos esporádicos sobre "unidades de vida" desiguais.

Negar a existência de "pessoa" equivale a tornar invisível o indivíduo nas interações sociais. São diversas as estratégias semióticas dessa negação. Na América escravista e mesmo depois da Abolição, era habitual o senhor branco atribuir um nome latino (*Cassius*, p. ex.) ao servo para identificá-lo exatamente pela estranheza onomástica. Ou então, depois, recusar títulos de cortesia como *mister/mistress* em favor de generalizações como "o negro Tal, a negra Tal", assim como também interpelar apenas pelo prenome, negando a existência de qualquer sobrenome. No Brasil, a primeira mulher a escrever um romance, Maria Firmina dos Reis, era negra e nordestina. No livro ("Úrsula", 1859), entretanto, não aparece o seu nome e sim apenas "Uma maranhense".

São estratégias que se transmudam em outras formas de invisibilização presentes na relação racial norte-americana, que foram literariamente denunciadas por Ralph Ellison em *Homem invisível* (1947): "Sou invisível, compreende? – simplesmente porque as pessoas se recusam a me ver". No romance, reputado como obra-prima da literatura americana, a invisibilidade é uma metáfora da condição existencial do negro, ou seja, de seu apagamento como pessoa numa sociedade regida pelo paradigma da brancura. Da parte do estamento branco, a recusa de visibilização da cidadania escura é uma forma grupal de defesa do afastamento: não se pode interagir com o que não se vê.

Mas a negação americana ocorre no quadro de uma historicidade mutável, que sempre oscilou entre o racismo explícito na memória escravocrata do Sul e a *relativa* tolerância liberal do Norte. É preciso relativizar, porque as diversas modalidades da "raciologia" supremacista não conhecem delimitações geográficas precisas. De fato, os Estados Unidos abrigam uma cultura da supremacia branca, que é organicamente inerente ao pacto de fundação da república, presente nos já citados "acordos míticos da memória" – fundação, colonização e *rule of the law*.

Formalmente, as instituições e os discursos intelectualistas podem negar o racismo, mas este é inerente ao pacto ancestral e incide sobre as comunidades imigratórias posteriores (italianos, gregos, latinos, asiáticos etc.) com intensidades discriminatórias variáveis. O racismo antinegro é o mais antigo e o único cujo sentido se relaciona ao regime escravagista do passado. Num determinado momento cronológico, os indígenas americanos escaparam à discriminação e foram paradoxalmente classificados como um setor do grupo branco, uma vez que era necessário ao sistema republicano tratá-los como "livres" (não escravos). Na verdade, o truque escondia o temor de possíveis alianças com negros (das quais, aliás, existem registros historiográficos). Progressivamente, na medida em que o extermínio das populações indígenas foi-se consolidando, restabeleceu-se a polaridade racial.

Apesar de tudo, a América é tradicionalmente descrita como uma sociedade modelar para o capitalismo mundial e equilibrada em termos republicanos, o que implica sólidas instituições de Estado ou "um país de leis" (*rule of the law*) como eles próprios se definem. Isso transparece no imaginário social cristalizado em gêneros da literatura de alto consumo popular, como a novela policial e uma de suas derivações, a novela de tribunal. Em determinadas narrativas, o tribunal do júri é figurado como o lugar de excelência para a manifestação da verdade social. É como se a democracia americana fosse programada em torno de uma lei idealizada, que resgata do crime e da injustiça o grande corpo glorioso da nação.

Isso transparece igualmente em textos célebres, como o discurso de despedida do general Douglas MacArthur (destituído de seu comando na Guerra da Coreia em 1951 pelo presidente Harry Truman) perante uma sessão conjunta do Congresso: "[...] esta casa de debate legislativo representa a liberdade humana na forma mais pura concebida até hoje. Aqui estão centradas as esperanças, aspirações e fé de *toda a raça humana*"[85]. Não uma suposta raça "branca", mas a humana, vale sublinhar. Apesar de todos os conhecidos obstáculos à concretização dessa "liberdade" na vida prática das minorias étnicas, a frase do famoso herói de guerra teve trânsito global, principalmente no contexto histórico americano, em face dos temores de que ele pudesse fazer um pronunciamento militarista. Um "país de leis" significa não mera e óbvia existência de textos legais, mas o governo inconteste de um Estado de Direito pleno, capaz de acenar com a igualdade jurídica para todos, ainda que socialmente separados.

A estabilidade republicana da lei – assegurada por instituições descentralizadas, em que operam organizações de freios e contrapesos (*checks and balance*) democráticos – garante a ascensão progressiva do individualismo liberal, assim como inibe os excessos desviantes do individualismo anárquico, que se espraiam no extremismo ultranacionalista branco. Mediada por esse espírito simétrico, a oscilação entre discriminação explícita e tolerância liberal dá margem à ascensão econômica e política de grupos exteriores ao bloco hegemônico. Estes

---

85. Por isso, a violenta invasão do Capitólio em 6 de janeiro de 2021 por uma multidão de extremistas, favorável ao candidato derrotado na eleição presidencial (na verdade, uma inédita tentativa de golpe de Estado), foi vivida pela sociedade global como uma ferida no espírito republicano. E pela primeira vez na história um presidente eleito (Joe Biden) mencionou, em seu discurso de posse, a existência de supremacistas brancos como uma ameaça à democracia.

são capazes de constituir fortunas individuais e acessos excepcionais a aparatos de Estado, embora sem realmente alterar a composição das castas raciais nem o mal-estar civilizatório do racismo, que perpassa todos os níveis da sociedade.

O racismo americano não é socialmente negado, antes constitui um campo contraditório, aberto à luta histórica pela ampliação dos direitos cívicos e pelo incremento do respeito coletivo. A conquista desses direitos por parte da população negra não se fez sem linchamentos, agressões físicas e assassinatos de líderes políticos. Por mais árdua que seja a luta, nessa estrutura o ápice individual do estatuto de pessoa, apoiado por leis republicanas, cria modalidades específicas de visibilização e abre canais para a participação cívica[86].

Numa imagem idealtípica, o racista americano seria um sulista com o laço do carrasco na mão, disposto a enforcar um negro na árvore mais próxima. Já o idealtípico racista brasileiro é um homem capaz de manter duas conversas ao mesmo tempo: em uma, pública, ele é um cristão disposto a abraçar a diferença; na outra, privada, ele deseja

---

86. Em janeiro de 2021, a eleição na Georgia de um senador negro (decisiva para o controle democrata do Senado no governo de Joe Biden) resultou da notável movimentação cívica de Stacey Abrams, uma ex-congressista negra que, durante dez anos, organizou o registro eleitoral de minorias sociais empobrecidas (asiáticos, latinos e negros). A vitória do "voto negro" num estado tradicionalmente racista e supremacista, ao lado de movimentos como *Black Lives Matter*, representou uma reviravolta contra-hegemônica dentro da luta antirracista.

que o negro permaneça em seu lugar servil. É que a forma social escravista não apenas nega a pessoa do negro como nega igualmente o racismo. Ou seja, o racismo não ousa confessar o seu nome: existe, mas silencia a sua presença.

Isso tudo seria "parte da seiva que alimenta, até hoje, no 'caráter nacional', a mania de tergiversar sobre o problema racial no país"[87]. O historiador Chalhoub aventa esta hipótese a propósito do silêncio concertado pelas elites sobre os desdobramentos sociais da lei de 7 de novembro de 1831 (a Lei Feijó), que proibiu o tráfico de escravos para o Brasil, por cerrada pressão do Império Britânico. O episódio ocorreu no início da Regência (1831-1840), incumbida do exercício provisório do governo até que se completasse a maioridade de Dom Pedro II.

Acontece que, ao arrepio da lei, "as facilidades quanto à reivindicação de propriedade de escravos viabilizavam a escravidão ilegal de africanos recém-chegados; ademais, ao fazer rotineiras as transgressões dos limites entre escravidão e liberdade, ao esmaecê-las, colocavam em risco a liberdade dos negros livres e pobres em geral"[88]. Essas facilidades decorriam dos arranjos de preservação dos interesses da classe senhorial, característicos do período regencial, quando se torna muito visível à luz da historiografia a composição social das elites brasileiras – traficantes ou ex-traficantes enriquecidos pelo comércio

---

87. CHALHOUB, S. *A força da escravidão...* Op. Cit.
88. Ibid., p. 96.

negreiro –, incultas, hostis às ideias do industrialismo inglês e aferradas à mão de obra escrava. Disso era reflexo o Parlamento no Segundo Reinado.

De fato, "eram comuns, naquela sociedade, atos de escravização ilegal de pessoas livres de cor por meio do batismo delas como filhas de escravas, sem que o fossem". Ficava implícito que "todos sabiam como escravizar ilegalmente um africano, produzindo papéis – certidão de batismo e inclusão em lista de família – que confeririam parecença de legalidade ao ato criminoso"[89]. Em meio à solidariedade da classe senhorial na transgressão da lei, que foi maciça entre 1830 e 1840, proliferavam, por parte dos beneficiários do contrabando de escravos (os conservadores conhecidos como "saquaremas") arranjos judiciários locais e debates parlamentares secretos no sentido de revogar a lei de 1831.

O que mais chama a atenção historiográfica de Chalhoub é o fingimento ou a hipocrisia da classe senhorial no intuito de burlar ou de tornar ambígua a letra da lei para legitimar a propriedade ilegal de escravizados. Diz: "O que falta ver é a radicação, nas práticas da administração pública, do costume de considerar todo preto – o africano em particular, mas não só ele – um escravo até prova em contrário"[90]. Esta suposição, conclui o historiador, "mostrou-se instrumental na conso-

---

89. Ibid., p. 93
90. Ibid., p. 104.

lidação do direito senhorial costumeiro de escravizar ao arrepio da lei".

Segundo a historiografia, em 4 de setembro de 1850, Dom Pedro II sancionou a lei do Senado de 1837 que reprimia o tráfico de africanos. A pergunta natural seria "mas isso já não estava proibido desde 1831?" Sim, como foi dito, a nova lei proibia o que estava proibido havia dez anos, portanto, no período da Regência Trina Permanente, quando o poder central vacilava entre a exigência do compromisso anglo-brasileiro de 1827 e a difícil conjuntura política interna, que continuava a favorecer as importações de escravos. No geral, acatava-se, mas não se cumpria: furtavam-se e contrabandeavam-se escravos. As fugas eram igualmente muito frequentes. Narra Machado de Assis: "Caso houve, ainda que raros, em que o escravo de contrabando, apenas comprado no Valongo, deitava a correr, sem conhecer as ruas da cidade"[91].

Além do mais, mandava-se calar sobre o descumprimento, fosse em público ou nas sessões parlamentares sobre o tema com segredo recomendado. Dizia-se que era matéria "melindrosa", não apenas porque os negros poderiam ter pleno conhecimento das centenas milhares de pessoas ilegalmente escravizadas, mas também porque se temia a vigilância dos ingleses na execução da lei de fim do tráfico. A classe senhorial praticamente criou a figura penal do "ladrão de escravos".

---

91. ASSIS, M. *Pai contra mãe. Relíquias da casa velha.*

Esse silenciamento continuou após a lei de 1850, dando margem à hipótese historicista de que o "caráter nacional" daí formado alimentaria "a mania de tergiversar sobre o problema racial do país". Em outras palavras, todo preto seria potencialmente escravo, mas não se poderia dizer ou discutir isso em público. Tergiversar é palavra derivada do latim *tergeo*, que significar esfregar para limpar, mas *tergiversatio* já denota propriamente o ato de falar por evasivas ou de hesitar quanto à afirmação de algo. Tergiversava-se, portanto, como efeito de uma negação, que seria a regra tacitamente pactuada pela classe senhorial.

A injunção estratégica de calar sobre a ilegalidade reinante estendia-se aos escravos e aos libertos, reforçada pelo mau entendimento da língua portuguesa e pelas barreiras educacionais. Já então essa estratégia refletia a organização patrimonialista das elites dirigentes, junto às quais a cor da pele, o parentesco e a educação formal alimentavam a hierarquização social garantida pela desigualdade econômica.

De fato, a sociedade escravagista sempre foi a mais bem organizada do país até a República, na visão do ensaísta Alberto Torres – a tal ponto que certos enunciados do discurso descritivo do fenômeno eram vetados nos espaços oficiais e, em consequência, nos espaços de escolarização. Narra Rufino: "A escravidão chegou ao apogeu durante o império, quando 4/5 da população trabalhavam à força, sob torturas; pois bem, as palavras *escravi-*

dão e *tortura* não podiam, oficialmente, ser proferidas no parlamento"[92].

Essa organização era naturalmente perversa: O Primeiro Reinado já revelava preocupação com a garantia de educação primária gratuita para todas as crianças *livres*; isto é, brancas – nada se previa para descendentes de escravos. A educação dos filhos de mãe escravizada não passava pela escola. O Segundo Reinado abriu as portas para as escolas primárias particulares, concentrando as atenções, com a instituição do ensino secundário no Colégio Dom Pedro II, na formação elitista das novas gerações. Era este, conforme Rios Filho, "o colégio preferido pelos filhos da gente aristocrática, dos militares de alta patente, dos mais importantes comerciantes e gente que tinha destaque na sociedade"[93].

É também no Segundo Reinado que os jesuítas, expulsos havia um século pelo Marquês de Pombal, recebem nova autorização para instalar-se no Brasil. E assim, sobre um pano de fundo histórico em que ideais jesuíticos de formação literária misturavam-se ao ideário cientificista do positivismo francês, desenvolveram-se as doutrinas pedagógicas brasileiras desde o Segundo Reinado até o final da República Velha, quando a elite e a pequena burguesia urbana em ascensão ainda se situavam em

---

92. RUFINO, J. *O que é racismo?* Brasiliense, 2005.
93. RIOS FILHO, A.M. *O Rio de Janeiro imperial.* Topbooks/UniverCidade, 2000, p. 407.

margem oposta à dos trabalhadores manuais, basicamente ex-escravos e agricultores, classificados como cidadãos de segunda classe, impedidos de votar[94].

Os abolicionistas tiveram consciência aguda desse estado de coisas. Ruy Barbosa, por exemplo, como relator da Comissão de Instrução Pública da Câmara de Deputados foi autor de projetos de reforma do ensino, tanto primário quanto secundário e superior, avaliados por especialistas como uma notável radiografia do sistema educacional brasileiro. Para ele, a educação primária e secundária não era um problema meramente pedagógico, mas principalmente político, por ser essencial ao exercício da cidadania, à abertura de novos horizontes sociais.

Era semelhante a essa a posição de Joaquim Nabuco, manifestada em vários de seus discursos políticos e conferências, com argumentos análogos aos de grandes educadores europeus de seu tempo e, mesmo posteriores. Apesar do elitismo de sua formação pessoal tanto no Brasil quanto na Europa, Nabuco via a escola como a instituição mais útil ao Estado desde que educasse os antigos escravos e disseminasse ideias de justiça e de solidariedade junto aos ricos. No operário, dizia ele, "está o germe do futuro da nossa pátria, porque o trabalho manual, somente o trabalho manual, dá força, vida, dignidade a um povo, e a escravidão inspirou ao nosso um horror in-

---

94. Cf. GHIRALDELLI JR., P. *História da educação brasileira*. Cortez, 2006.

vencível por toda e qualquer espécie de trabalho em que ele algum dia empregou escravos"[95].

Examinado de mais perto, à luz do contexto histórico da época, esse enunciado não carrega apenas o sentido ético que apresenta à primeira vista a defesa da educação. O cuidado do tribuno espelhava principalmente a preocupação das elites dirigentes com a formação da mão de obra operária, uma vez que a população estava apenas potencialmente disponível para o capital industrial: No Rio de Janeiro, por exemplo, apesar do considerável "exército de reserva" constituído pela mão de obra excedente, as atividades da economia urbana ainda gravitavam ao redor de uma órbita de segmentos pré-capitalistas. Emergente de uma sociedade habituada ao trabalho escravo, a massa populacional era ideologicamente avessa ao trabalho assalariado ou à disciplina inerente à produção fabril. Houve sempre o vezo de atribuir essa inadaptação ao afrodescendente, mas o problema estendia-se igualmente a imigrantes europeus, instáveis e flutuantes.

Na realidade, os juízos de incapacidade técnica, formulados a propósito do trabalho do negro, são uma construção da forma social escravista. O contrário disso está fartamente documentado nas descrições de fazendas a partir do século XVIII. Por exemplo, numa plantagem de cana e arroz do Pará, descrita pelo naturalista inglês Russell Wallace no século XIX, entre os escravos e

---

95. Ibid., p. 138.

169

indígenas livres, havia sapateiros, alfaiates, carpinteiros, ferreiros, construtores de canoas, pedreiros e serralheiros. Essa plantagem reproduzia o modelo do engenho de açúcar nordestino, por sua vez repetido pela fazenda de café, conforme descrição de uma delas em Campinas, onde os escravos eram pedreiros, carpinteiros, ferreiros, carroceiros, tratadores de bois, tratadores de cavalos, mecânicos, matadores de formigas, jardineiros, cozinheiros, fabricantes de sabão etc. De 250 escravos, apenas 130 trabalhavam diretamente na roça[96]. Essa diversidade ocupacional é a prova cabal da capacitação técnica da mão de obra negra para atividades de natureza inclusive industrial, a ser naturalmente complementada por instituições educacionais.

De maneira geral, porém, não deve causar nenhuma estranheza o fato de que os próceres abolicionistas – Joaquim Nabuco, Ruy Barbosa, José do Patrocínio e outros – fossem atravessados por uma espécie de "espírito" educacional. O abolicionismo era em si mesmo um movimento educacional no sentido amplo da palavra, porque se tratava no limite de educar ou preparar as elites dirigentes para o ingresso da nação brasileira no século XX sob o signo de uma modernidade (de inspiração liberal e europeia) incompatível com a escravatura e já muito atrasada frente à conjuntura internacional. Mas em termos práticos esse movimento educa-

---

96. Cf. GORENDER, J. *O escravismo colonial*. Op. cit., p. 251-252.

cional não chegava aos afrodescendentes. Basta ver que a Constituição de 1891 negava aos analfabetos o direito de voto, ao mesmo tempo em que negava o direito à educação pública primária e gratuita.

A proposição (wittgensteiniana) da língua como forma de vida aplica-se perfeitamente à caracterização da *boçalidade* no grupo escravizado. Sem domínio da língua portuguesa, sem letramento, sem educação, portanto, quanto mais *boçal*, era fácil que um escravo fosse "seduzido" (termo corrente nos registros policiais) por negros forros com fins de realocação junto a outros senhores. A escamoteação criminosa tornava-se, assim, estrutural em plena sociedade escravagista. "Esses escravos ilegais estão a todo momento e por toda parte em presença das autoridades brasileiras, mas eles não são vistos", foi o comentário irônico de um cônsul britânico[97].

Não ver, não saber e não falar eram regras de um pertencimento social regido pela lógica patrimonial e culturalmente estruturado pelo *bacharelismo*, que entronizava o falar difícil dos doutores como dominação sobre as massas iletradas e, principalmente, como uma marcação discursiva da senhorialidade implícita no patrimonialismo dominante. *Patrimonialismo*, vale repetir, implica um complexo de relações mantido por família, clã ou grupo afim, que visa à preservação do conjunto pela distribuição interna de bens. O fator econômico é importante, mas a

---

97. Apud CHALHOUB, S. *A força da escravidão... Op. cit.*

lógica patrimonialista é cultural: a manutenção daquele grupo específico, sua intrínseca familiaridade na circulação de riquezas e privilégios. Por trás dessa "família" construída, acha-se a *linhagem*, ou seja, o conjunto das relações de ascendência e descendência, regido por uma ancestralidade que não se define apenas biologicamente, mas também política, mítica e ideologicamente.

Nos arranjos patrimonialistas se abrem espaços para cooptação ou incorporação, por compadrio e casamento, de pessoas estranhas à regra familiar da consanguinidade. O que conta fortemente são as aparências (que já apontamos como vetor do racismo brasileiro, diferentemente da ascendência no caso americano), em que ganha novo sentido a frase de Oscar Wilde: "Só as pessoas frívolas não julgam pela aparência" (em *O Retrato de Dorian Gray*), explicando-se: "O verdadeiro mistério do mundo está no visível e não no invisível".

O juízo de Wilde, literariamente *dandy*, é corroborado analiticamente por Coccia: "O animal é aquele ente cuja natureza está inteiramente em jogo na sua aparência". E mais: "Viver significa apurar nossa aparência e é apenas em nossa aparência que se decide aquilo que somos: todos os nossos traços identitários são formas de aparência"[98]. Isto não quer dizer evidentemente que a cor da pele possa fornecer uma identidade biológica, como sempre acreditou o racismo doutrinário. Por outro lado,

---

98. COCCIA, E. *A vida sensível*. Op. cit., p. 76 e 77.

terminada a escravatura, a forma de vida sucedânea interpretaria como um bem patrimonial a cor branca, aparência *princeps* de uma linhagem socialmente valorizada. A formulação resumida disso seria algo como "o negro não parece, logo não é um de nós".

Mas desde a sociedade escravista, pautada por redes de relações de poder e dependência pessoal, o silêncio e a invisibilidade faziam parte da regra de negação que cimentava a fachada de aparências do jogo de linguagem senhorial. No tocante ao negro, um cidadão podia anunciar-se protocolarmente – "sou senhor e possuidor" – ainda que o escravo não fosse objeto legal de sua posse. A ilegalidade silenciada, decorrente de um pacto tácito entre senhores e o próprio Estado imperial, configurava uma espécie de "semelhança de família" – em termos wittgensteinianos – que configurava a forma de vida senhorial: uma formulação do tipo "assemelhamo-nos no silêncio para que a dominação continue".

A escravização ilegal de negros livres, principalmente de crianças que eram roubadas e vendidas, as forçadas migrações internas de *crioulos* podiam ser moralmente discutíveis em círculos "humanitários", porém se revelavam senhorialmente aceitáveis. A permanência da "senhorialidade" estende-se até os dias de hoje, ainda que tenham historicamente desaparecido as suas circunstâncias originais.

Vale revisar essa evidência à luz da famosa síntese filosófica (raciovitalista) de Ortega y Gasset "eu sou eu e minha circunstância, e se não salvo a ela não me salvo a mim"[99]. Ou seja, o "eu" é distinto da realidade circundante, mas dela não se dissocia, tanto que tem de preservá-la para manter a si mesmo. O "eu" coetâneo à pós-abolição tem consciência, segundo descreve Machado de Assis, de que "a escravidão levou consigo ofícios e aparelhos, como terá sucedido a outras instituições sociais" (*Pai contra mãe*); isto é, levou consigo as circunstâncias do trabalho de captura ("pegar escravos fugidos era um ofício do tempo") e de aparelhos de tortura como o ferro ao pescoço, o ferro ao pé e a máscara de metal.

A segunda parte da reflexão comporta uma interpretação ambígua, pois se abre para a possibilidade de que se "salvem" determinadas circunstâncias, mesmo se inadequadas. É precisamente o caso da forma social escravista, que preserva o sentido do escravagismo, embora distante de suas circunstâncias históricas. A atribuição de sentido a essa forma deve-se à sua inscrição numa rede de sociabilidade em que se faz a experiência de sobreposição de elementos assemelhados, mesmo se aparentemente absurdos quando cotejam temporalidades diversas.

Na forma escravista, não se ilumina o futuro com as brasas do passado, como queria Walter Benjamin, porque a história não evolui, e o passado não passa, dura séculos. Normal é que a sociedade deixe o passado para trás, mas

---

99. ORTEGA Y GASSET, J. Introito. *As meditações do Quixote* [1914]. Vide Ed., 2019.

aqui o passado é que deixa para trás a sociedade; isto é, a realidade vivida.

É como um barco ancorado num mar morto. Em outras palavras, a forma escravista constitui uma "imagem de mundo" que concilia a imobilidade do tempo pretérito com a superfície de transformação das relações sociais. E nada disso se explica apenas pela reflexão de natureza filosófica: o controle do passado pelas elites dirigentes é fundamentalmente político, por ser parte do domínio sobre o presente e o futuro.

Contornando a hipótese (psicobiológica) da associação entre cultura e "caráter nacional", chega-se à forma social escravista como o jogo de linguagem adequado para que aquilo que se designa como "passado" não passe realmente, antes cresça ou se expanda em modulações históricas, como no tempo verbal do pretérito. Não é incomum que em enunciados benevolamente descritivos da contribuição negra para a formação da sociedade brasileira, a forma verbal seja sempre colocada no passado: "eles fizeram", "eles construíram" etc. Este é o enunciado que esconde o sentido da enunciação: "fizeram, não mais fazem". Há uma espécie de "língua" social que exprime a reflexividade do conjunto – isto é, a maneira como a sociedade deseja representar-se –, o que implica recortes semânticos nos signos representacionais inerentes à consciência coletiva ou às bases do mundo cultural.

Assim, vale presumir que um evento jurídico, político e histórico como a Abolição da Escravatura não suprima as condições culturais determinadas em que a historicidade da forma social escravista se manifeste. Isso configura certamente o caso do Brasil, onde o *ethos* autoritário da velha ordem semicolonial permaneceu intacto na modernização conservadora e excludente que caracterizou a transição republicana.

Não foi o caso cotejado do *apartheid* sul-africano, que precisou chegar ao fim para que Hamilton Naki – ainda que concretamente trabalhando como cirurgião notável e professor de medicina – recebesse uma condecoração e um diploma de médico *honoris causa*. No episódio brasileiro, o protagonista – vivo e atuante nos dias de hoje – veio a ocupar um dos postos mais altos do aparato de Estado nacional, com grande visibilidade pública, sem que a forma social escravista fosse alterada.

3
CONTRADIÇÃO E AMBIGUIDADE

Infere-se que a persistência dessa forma social seja garantida por sua aparente ambiguidade interna, em que se pode registrar a coincidência dos opostos ou o relacionamento de pequenos enunciados aproximativos e em que se perfaz a *unicidade* de fragmentos diversos. Isso é explicado por Maffesoli pela categoria do *contraditorial*, que seria a lógica do terceiro dado, em vez do terceiro excluído. Diz: "Físicos como Stéphane Lupasco, antropólogos como Gilbert Durand mostraram o valor heurístico de um tal princípio de participação, desse processo de correspondência, que descrevem justamente o equilíbrio antagonista de toda estrutura física ou social"[100].

O sociólogo francês quer chamar a atenção para o fenômeno do equilíbrio conflitual como "característica essencial do gênero humano" em oposição à epistemologia monista, que concebe o conhecimento a partir de modelos verticais e piramidais. Daí, a distinção entre "unidade"

---

100. MAFFESOLI, M. *Homo eroticus – Des communions émotionelles*. CNRS Éd., 2012, p. 149-150.

enquanto estabilização universalista do ser e "unicidade" como acolhimento dos particularismos e dos paradoxos.

Mas a forma social escravista revela uma unicidade perversa ao transfigurar aspectos inerentes às relações primais entre pais e filhos. De fato, já havíamos comentado, a propósito da frase de Luiz Gama sobre a libertação do escravo, o tópico da infantilização do negro esboçada pelo discurso racista. É que, do ponto de vista psicogenético, o discurso do "outro" (os pais) precede e prefigura o filho, por constituir, concreta e simbolicamente, uma estrutura em que o infante se inscreve para se desenvolver.

O infante (*infans*, aquele que não fala) escuta a estrutura, o mundo, sem realmente responder, pois é um interlocutor ambíguo ou instável, como explica Francis Jacques: "ele vive com seu futuro tanto quanto com o seu presente. Não se sabe ao certo quem ele é. Daí que os enganos de fala sejam constantes. A linguagem dirigida à criança comporta o que se pode chamar de uma *ambiguidade interlocutiva*"[101]. Pois bem, é essa ambiguidade que a forma escravista transfigura no modo de comunicação com o afrodescendente ao lhe atribuir uma falta de ser ou de uma autonomia enunciativa no plano das relações humanas, o que leva ao movimento instável de *incluir, excluindo*.

Essa forma, entretanto, não representa a essência da escravidão enquanto fenômeno universal, posto que é o

---

101. JACQUES, F. *Différence et subjectivité*. Aubier/Montaigne, 1982, p. 69.

caso único e particular da forma de vida senhorial no contexto pós-abolicionista brasileiro. Há uma analogia possível com a forma de vida fascista, tal como descrita por Eco: "O fascismo não possuía nenhuma quintessência e nem sequer uma só essência. O fascismo era um totalitarismo *fuzzy*. O fascismo não era uma ideologia monolítica, mas antes uma colagem de diversas ideias políticas e filosóficas, um alveário de contradições"[102].

No caso da forma escravista, paradoxos, ambiguidades e contradições verificam-se, por exemplo, em discursos pretensamente científicos, irradiadores de clichês discriminatórios, como na psiquiatria e na antropologia criminal praticadas por Nina Rodrigues na transição do século XIX para o século XX. Seus alvos eram negros, indígenas e mestiços, descritos como raças inferiores ou "populações infantis que não puderam chegar a uma mentalidade muito adiantada". Para ele, eram "pessoas envolvidas com assaltos à mão armada, em que se revelam todos os sentimentos e instintos bárbaros ainda mal contidos de seus ancestrais". E admitia "a existência de casos de exumação clandestina de cadáveres de recém-nascidos para a confecção de feitiços ou sortilégios de negras feiticeiras. É quase certo que esta prática tem sido amplamente empregada nos cultos da feitiçaria africana que ainda desfruta de grande prestígio hoje em dia no Brasil".

---

102. ECO, U. *O fascismo eterno*. Op. cit., 2020, p. 32. Obs.: o termo *fuzzy* designa fenômenos imprecisos ou confusos.

Ora, apesar dos juízos negativos que proliferavam em suas obras ditas "científicas", Rodrigues podia, a depender do contexto, publicar um artigo em que dizia praticamente o contrário[103]. Assim é que por terem acolhido sugestões baseadas em preconceitos, os autores nacionais "conseguiram obter crédito generalizado para a crença de que os escravos negros, que colonizaram o Brasil junto com os portugueses e os indígenas, pertenciam em todos os casos às populações africanas mais ingênuas e toscas". Isso não se comprovaria nas "expressões de seu talento artístico em pintura e escultura", para ele, "as mais intelectuais das belas artes, muito mais do que a música e a dança".

O artigo é motivado por uma exposição de esculturas tanto originárias da África como do Brasil, pretexto para que Rodrigues demonstre gosto e expertise no assunto. Em especial no que diz respeito às peças representativas da liturgia iorubá, ele parece "esquecer" as suas habituais diatribes contra as crenças africanas, para atestar fases de "desenvolvimento da cultura artística". Como se explica a ambiguidade? Na verdade, não tem explicação maior do que o simples fato de que o psiquiatra e antropólogo fosse um ativo colecionador. Isso redundaria, aliás, na "Coleção Nina Rodrigues", depois abrigada no Museu da Bahia.

---

103. Cf. RODRIGUES, N. As belas artes nos colonos pretos do Brasil. *Kosmos*, 1904. Obs.: Estamos citando a versão em inglês deste texto (*The fine arts amongst the black settlers in Brazil sculpture*), publicada em *The afro-brazilian touch – the meaning of its artistic and historic contribution*. Tenenge, 1988, p. 57-59.

São recorrentes os exemplos dessa ambiguidade. Por volta de 1900, Sílvio Romero, pensador, que foi epígono da filosofia de Tobias Barreto e historiador da literatura brasileira, invectivava o povo nacional: "povo que descendemos de um estragado e corrupto ramo de velha raça latina, a que se juntara o concurso de duas raças mais degradadas do globo, os negros da Costa e os peles-vermelhas da América". Mas era ele mesmo que, em outro texto, descrevia o negro como "agente robusto, civilizador, próprio para o clima tropical"

Algo parecido ocorre com o já referido Monteiro Lobato, um dos mais conhecidos escritores brasileiros em várias gerações. Notório militante eugenista, obcecado com a ideia de progresso (que associava ao domínio da escrita), ele chegou a sugerir em correspondência a amigos o confinamento urbano dos afrodescendentes, aos quais se referia como "a pretalhada inextinguível".

Entretanto, em suas pouco mais de duas dezenas de livros infantis, Lobato oscilava ambiguamente entre a caricatura grotesca do elemento negro e um paternalismo acolhedor. A personagem "Tia Nastácia", presente em toda a série, tipifica o estereótipo racial de ignorância e superstição, mas também de excelência em sua função subalterna de cozinheira. É, assim, aceita como membro da família. Seu contraponto, "Dona Benta", lhe diz numa passagem: "Sim, minha velha. Além de ser minha grande amiga, você é a outra avó de meus netos" (em *O poço do visconde*). Em outros livros, o mesmo autor que na vida real parecia sonhar com a extinção de negros, constrói esparsamente fábulas e argumentos que parecem desacreditar o racismo.

O plano musical revela-se bastante propício a essa ambiguidade, que exclui, incluindo – propriamente, racismo cultural. A isso se refere Fanon ao observar que "a preocupação constantemente reafirmada de 'respeitar a cultura das populações autóctones' não significa que se levem em consideração os valores veiculados pela cultura, encarnados pelos homens. Na verdade, percebe-se nessa empreitada uma vontade de objetificar, de encapsular, de aprisionar, de enquistar. Expressões como 'eu os conheço' ou 'eles são desse jeito' traduzem essa objetivação levada ao máximo"[104]. A estilização elitista da expressão cultural autóctone pode retornar à consciência racista como uma forma apenas estética, esvaziada de sua força de resposta simbólica ao opressor. O *blues* pode ser valorado como "lamento dos escravos negros", mas, como diz Fanon, "sem opressão e sem racismo não há *blues*".

Dessa maneira, o mesmo Ruy Barbosa, que fizera acerba diatribe contra o "Corta-Jaca" de Chiquinha Gonzaga no Palácio do Catete, era capaz de acolher em sua residência saraus do violonista e compositor João Pernambuco, responsável, ao lado de Ernesto Nazareth e Pixinguinha, pela consagração artística da música popular brasileira. Nisso se fazia acompanhar por expoentes da elite intelectual,

---

104. FANON, F. Racismo cultural. Op. cit., p. 73.

como Afonso Arinos[105]. O violão, passível de ser apreendido das mãos de um sambista pela polícia, transfigurava-se em instrumento artístico no espaço privado da elite.

Não se pode deixar de observar que essa mudança de atitude é posterior à presença no Rio de Janeiro do grande compositor Darius Milhaud, que proclamara a genialidade musical de criadores como Nazareth e outros. Numa época em que ainda ressoava o *"vive la France"* como uma espécie de "bom dia" para a elite, a proclamação de Milhaud era um fato social forte. Mas, de qualquer modo, essa maleabilidade ideológica é característica da forma escravista, cujo contexto leva a ambiguidades e contradições.

Assim, no contexto eugenista de sua psiquiatria, Rodrigues pode confirmar-se como epígono de Gobineau, Galton e Lombroso, que são autores manifestamente racistas[106]. Como especialista no estudo de etnias escravi-

---

105. Não faltam interpretações acadêmicas ou jornalísticas que atribuam um peso elevado aos encontros entre membros da elite intelectual branca e artistas negros, no que se refere particularmente à história do samba carioca como gênero de síntese nacional. São pontos de vista que, por desconhecerem a ambiguidade da forma social escravista, valorizam as idiossincrasias senhoriais como se fossem motores de desenvolvimento das formas populares. Desconhecem igualmente a autonomia resiliente das instituições afro-brasileiras.

106. Na antípoda das concepções de Nina Rodrigues estava Juliano Moreira (1872-1933), cuja visão psiquiátrica destoava da ideia do vínculo entre miscigenação da doença mental. Filho de mãe alforriada, Moreira foi o primeiro negro a ingressar (aos 13 anos de idade, formando-se aos 18) na Faculdade de Medicina da Bahia. Foi um dos fundadores da Sociedade Brasileira de Psiquiatria.

zadas, entretanto, ele desenvolve um gosto beletrista por esculturas africanas, às quais não recusa o estatuto de objetos de arte indicativos de um verdadeiro processo civilizatório. São múltiplos os "lugares" por ele ocupados no interior de uma mesma forma social.

A ambiguidade não é um empecilho sério, uma vez que tangencia outras de natureza diversa, recorrentes no interior dessa forma, cujo sentido não pode ser buscado na ordem estrita da verdade, e sim nas "semelhanças de família" reconhecidas e aceitas como regras de um jogo de linguagem, ou melhor, de uma forma de vida capaz de integrar uma realidade social num conjunto existencialmente funcional. O sentido da forma é dado por uma racionalidade de natureza cultural.

Reinterpreta-se, assim, a estrutura do luso-patrimonialismo originário, não logicamente, e sim do modo como os homens preferencialmente ordenam a sua experiência vivida – isto é, em formas narrativas de mitos, lendas, relatos históricos e obras literárias –, todos orientados para a maneira como a sociedade deseja representar-se – isto é, a reflexividade social.

O estamento patrimonialista que dirige o país desde a sua fundação tem narrado uma história sobre a nação brasileira, em que esta aparece com traços que concorrem para a hibridização ou a mestiçagem de elementos heterogêneos. Numa temporalidade eternizada, típica da lógica patrimonial, reinterpretam-se os traços (documentos, textos, ideias, formas de sensibilidade) como uma ligação ética entre passado e presente, em que prevalecem miticamente a solução de compromisso e a transigência como polos de cristalização de identidade nacional.

Subjazem à consciência dessa historicidade afetos, pulsões, influências religiosas e silenciamentos. As fábulas do "homem cordial", da "convivialidade", do "caráter pacífico", da "consciência não racista" e do "jeitinho" referem-se a representações sensíveis, imagens do mundo e de suas relações. Não são conceitos, e sim expressões de um *wishful thinking* intelectualista – a esperança de transformação do "homem cordial", herdeiro do "complexo ibérico", em cidadão – ou inscrições de comportamentos mais compatíveis com o aparecer do que com o ser; isto é, com a maneira de revelação da forma. Implica, portanto, como a dimensão da sensibilidade, uma escuta afetiva da fala do outro.

Entrar no jogo do jeito sensível é prestar-se à interpretação daquilo que no outro se apresenta socialmente como indeterminado; isto é, como alguma coisa aquém e além das grades de sentido que a norma societária aplica à "socialidade", ao que está a meio caminho entre infraestrutura e superestrutura. Do ponto de vista da gente comum, tudo isso soa, em princípio, como fonte de autoestima. Do lado do poder constituído, como estratégia destinada a tornar aceitável o peso de instituições formais com as quais, na maioria das vezes, o sujeito da vida concreta nada tem a ver.

À primeira vista, essa atmosfera – a "verdade afetiva" reclamada por Espinosa – seria incompatível com a segregação racial (a despeito de uma clara topografia segregacionista nos grandes centros urbanos, por inexistência de políticas habitacionais democráticas), nos termos em que se concretizou nos Estados Unidos ou na África do Sul. Mas é perfeitamente compatível com o racismo mascarado, encoberto pela carnavalização das relações sociais. Silencioso, demanda perversamente como contrapartida o silêncio da vítima, portanto a sua "inocência", no que diz respeito à dimensão racial das desigualdades sociais.

As linguagens do silenciamento

Da funcionalidade da existência patrimonial, por si só também uma forma de vida, advém o sentido da forma social empenhada na persistência da senhorialidade escravista. Toda convivência humana, em qualquer tipo de sociabilidade, se ampara na copresença do "outro". Na sociedade escravista, o outro podia ser o escravo, mas era necessariamente reconhecido como tal pelo senhor. Na forma social escravista que estamos buscando descrever, esse outro – afrodescendente, negro – é basicamente negado, ou seja, tergiversa-se sobre a sua presença singular, para afirmar implicitamente a sua irrelevância humana. A ambiguidade é inerente à forma como uma das variáveis da regra básica da negação ou do silenciamento. Nega-se para excluir a visibilidade pública do descendente de escravo. Nega-se, consequentemente, o racismo como se fosse coisa trazida de fora por intelectuais ou pelas próprias vítimas, influenciadas por realidades externas.

De fato, nega-se o fenômeno, mas ao mesmo tempo se exclui, por meio de ações, a diferença de cor e de costume. O racismo de dominação, que assegurava a segregação do negro no regime escravista, transfigura-se em racismo de exclusão, destinado a garantir com outra aparência tanto a irrelevância do negro como a senhorialidade escravista. É algo como fazer uma conta com números negativos aplicados à categoria de *pessoa*. Sabidamente, esses números fracionários podem contar coisas (meio pão, meio quilo etc.), mas não pessoas, pois não existe meia pessoa. No entanto, para efeito de contagem da população sulista (Estados Unidos) em 1787, os constituintes americanos basearam-se na fórmula abstrusa de que cada escravo valia 3/5 partes de um branco. Igualmente, na forma social escravista, a pessoa é existencialmente aferida como "meia", inferior ao sujeito "inteiro".

Pode-se recorrer a uma figura de linguagem (retórica) suscetível de fornecer uma ideia geral das operações pseudológicas inerentes à forma escravista: o *quiasmo*, que significa literalmente "disposição verbal em cruz". Trata-se do aforismo com uma estrutura antitética, em que as palavras da primeira frase são repetidas, na segunda, mas com a ordem inversa. Assim é que Camões verseja "melhor é merecê-los sem os ter / que possui-los sem os merecer" (*Lusíadas* XI, 93). Ou então Marx: "[...], pois os que trabalham nada possuem, e os que possuem não trabalham" (*Manifesto do Partido Comunista*). Para maior inteligibilidade da forma escravista, a aplicação do processo "quiasmático" de comunicação resultaria num aforismo do tipo "não existe racismo no Brasil, no Brasil os negros conhecem o seu lugar".

Dessa ambiguidade de base decorre que, sob o ângulo da comunicação linguística (ou simplesmente da semântica analítica), as afirmações ou sentenças práticas da forma escravista apresentem uma estrutura que pode ser descrita como uma contradição entre sentenças de atitude (*atitude statements*) e sentenças de valor (*value statements*)[107]. As primeiras definem-se pela expressão de comandos ou de sentimentos: "Abaixo os racistas!", "Todos os homens devem ser iguais" etc. Não são sentenças destinadas a declarar fatos (sentenças empíricas), nem aquelas baseadas em regras lógicas (sentenças analíticas), e sim a expressar uma atitude, portanto, sem utilidade argumentativa ou valorativa. As segundas (sentenças de valor), por outro lado, valoram ou recomendam.

Na ambiguidade da forma social escravista, as sentenças de atitude são normalmente para uso externo (p. ex., "todos os homens são iguais"), enquanto as sentenças de valor relativas à diferença epidérmica, que são basicamente negativas, permanecem no foro íntimo, ou seja, podem ser silenciadas. Mas também podem circular em

---

107. Cf. WILSON, J. *Language & the pursuit of truth*. Cambridge University Press, 1967.

âmbito institucional, como na família ou na escola. Essa circulação caracteriza-se, como o *argumentum ad nauseam* na retórica argumentativa, pela multiplicação de exposições negativas da diferença de cor da pele, o que situa o indivíduo negro numa espécie de realidade à parte, paralela, ao modo de *um conhecido que se desconhece.* Este é, aliás, o princípio do monstro.

Anos atrás, a resistência de amplos setores da esfera pública à implantação da política de ações afirmativas e de cotas para negros baseava-se nas sentenças de atitude (tendentes a inviabilizar o racismo), tentando simplesmente apagar do espírito coletivo a questão racial. Mas o Relatório Lewandowski sobre a questão das cotas para ingresso em universidades, unanimemente aprovado pelo Supremo Tribunal Federal (em 26/04/2012), terminou reconhecendo como definitiva a constitucionalidade dos programas de ação afirmativa que estabelecem a reserva de vagas com base em critério étnico-racial.

No quadro lógico da argumentação aqui desenvolvida, o que esse relatório ratifica é a exteriorização ou a prevalência das sentenças de valor sobre as sentenças de atitude, que apenas repercutem o eco hipócrita do princípio formal de igualdade (um rebaixamento histórico da diferença e da dignidade) enquanto silenciam o princípio da igualdade material; isto é, da igualdade de fato. Por isso, estatui o relator: "Para possibilitar que a igualdade material entre as pessoas seja levada a efeito, o Estado pode lançar mão seja de políticas de cunho universalista, que abrangem um número indeterminado de indivíduos, mediante ações de natureza estrutural, seja de ações afirmativas, que atingem grupos determinados, de maneira pontual, atribuindo a estes certas vantagens, por um tempo limitado, de modo a permitir-lhes a superação de desigualdades decorrentes de situações históricas particulares". No documento, essas *políticas de discriminação positiva* estão no cerne do conceito da democracia reivindicada nos termos de Boaventura Santos: "[...] Uma igualdade que reconheça as diferenças e uma diferença que não produza, alimente ou reproduza as desigualdades"[108].

Em termos de discurso social, o STF confirma antes de tudo que o negro existe e que o racismo não é tão invisível assim. Esta posição aparece no quadro conjuntural de reconhecimento formal do racismo como "problema nacional" (Governo Fernando Henrique Cardoso, em 1995) e, em consequência, como objeto de políticas reparatórias (governos de Lula Inácio da Silva e de Dilma Rousseff, entre 2003 e 2016). Na realidade, a decisão do STF veio a ter efeitos práticos de implementação a partir da chamada Lei das Cotas (Lei 12.711, de 29/08/2012), assinada pela Presidente Dilma Rousseff, que se destinava primeiramente a favorecer estudantes oriundos de escolas públicas e, secundariamente, estudantes pretos, pardos e indígenas, a título de "subcotas".

---

108. SANTOS, B.S. *Reconhecer para libertar – Os caminhos do cosmopolitismo multicultural.* Civilização Brasileira, 2003, p. 56.

Em certas áreas acadêmicas, na imprensa e em setores opinativos das classes médias, foi intensa a reação a essas medidas. Escreveram-se largos textos negacionistas com o argumento da inexistência de racismo no país. Não se tratava, no entanto, de meras concessões de cima para baixo, mas de efeitos das etapas conflitivas do processo sociopolítico de redemocratização da vida nacional, em que foram atores importantes tanto a Constituição de 1988 quanto o longevo movimento negro brasileiro, estimulado pelo avanço constitucional no capítulo dos direitos sociais.

No capítulo do avanço, foi relevante a Conferência das Nações Unidas contra o Racismo, a Xenofobia e a Intolerância em Durban (08/09/2001), que adotou a bandeira das cotas em universidades públicas, levantada principalmente pelo movimento negro brasileiro. Desde então, mesmo antes da aprovação de leis, tornou-se gradativa a adesão de universidades às políticas de ações afirmativas, assim como o início de determinadas aberturas institucionais, a exemplo do já referido programa inclusivo do Itamaraty.

É certo que a ação continuada de coletivos negros e a realização de congressos significativos não alteraram em nada a composição elitista do poder republicano, porém foram desenhando aos poucos outra atmosfera emocional pública, capaz de acolher em termos menos repressivos o afloramento da questão racial. Torna-se também mais claro que o aumento da representatividade negra no espaço público não implica propriamente aumento de poder na sociedade política, mas incrementa o poder social no interior da sociedade civil.

Entenda-se "poder social" como voz autônoma ou aquilo que os estudos culturais americanos têm chamado de "agência"; isto é, a capacidade de afetar positivamente o *socius*. Por outro lado, tudo isso é politicamente importante na luta pela desestabilização das imagens e representações racistas que atuam dentro da forma social escravista.

É imperativo citar a análise empreendida pelo jurista Joaquim Barbosa[109], assumidamente negro, que era ministro destacado do STF quando da aprovação do Relatório Lewandowski. É curioso e sintomático o fato de que Barbosa circunscreva a sua análise do problema racial no âmbito do direito americano, em vez do brasileiro. Para ele, os Estados Unidos optaram por "não tergiversar sobre esse imenso problema", ao passo que o Brasil é "o país que menos avançou nesse campo [...] o que apresenta as mais gritantes desigualdades de fundo racial. Brancos monopolizam inteiramente o aparelho de Estado e nem sequer se dão conta da anomalia que isso representa à luz dos princípios da democracia [...] materializando uma dinâmica social perversa"[110].

Ainda que com outra terminologia, Barbosa introduz em sua análise uma categoria suscetível de ajustar-se

---

109. Cf. GOMES, J.B.B. *Ação afirmativa & princípio constitucional da igualdade*. Renovar, 2001.

110. Ibid., p. 12.

à forma social escravista – a do "racismo inconsciente". Para isso recorre ao americano Charles Laurence, para quem "racismo é uma doença que todos nós compartilhamos, porque todos nós portamos a marca de uma história comum. O preconceito inconsciente é problemático na medida em que ele não pode ser objeto de autocorreção pela via do processo político. Quando o discriminador não tem consciência do seu preconceito e tem convicção de que percorre a trilha da justiça, são parcas as chances de sucesso da razão e da persuasão moral"[111].

Sob o ângulo macrossocial, porém, a argumentação do STF vai ao encontro do chamado "neoliberalismo progressista", que é capaz de contemplar demandas pontuais provenientes de áreas críticas das camadas subalternas, principalmente contra um horizonte de temores quanto a rupturas sociais. O Relatório Lewandowski é pontual: atendimento à demanda de reserva de vagas para negros nas universidades públicas. Talvez inadvertidamente, contraria o dogma etnocêntrico da "desigualdade das inteligências" para dar lugar à igualdade "racial" como efeito de uma suposta justiça distributiva.

A essa ideologia do distributivismo ou assistencialismo reage à crítica de extração marxista, como a de Francisco de Oliveira, ativo e brilhante sociólogo brasileiro, para quem tudo isso seria fruto de uma sociedade biopolítica, "e aqui entre nós, miseravelmente, o Estatu-

---

111. Ibid., p. 30.

to da Igualdade Racial, cujo propósito é o de combater a discriminação, chega, pelo caminho oposto, à biopolítica, classificando as pessoas, seus acessos aos bens públicos, pela porcentagem de sangue, branco, negro, amarelo, indígena etc. As cotas e as chamadas ações afirmativas são a biopolítica como política [...]. Destroem a política [...]. Não há conflito, nem dano, pois a vaga na escola, mesmo para a universidade, o exame médico, o ingresso para o espetáculo, dependerão e estarão predeterminados pela "raça"[112].

O sociólogo está justamente preocupado com o fenômeno da anulação da política ou então de sua colonização pelo mercado. Sua crítica contempla teoricamente restauração de uma política supostamente "verdadeira" – aquela que, por meio dos partidos e dos sindicatos, poderia corrigir a assimetria das classes sociais, redistribuindo renda – em vez da reparação assistencialista ou "biopolítica" de carências[113]. A se fiar apenas neste argumento, as conquistas "superestruturais" do movimento negro não seriam propriamente "políticas" por não se enquadrarem na modelagem teórica da luta de classes, em que raça é tratada como uma categorização secundária.

---

112. OLIVEIRA, F. *Capitalismo e política: um paradoxo letal. O esquecimento da política.* Agir, 2007, p. 286.

113. O argumento do sociólogo peca também por alguma desinformação sobre os critérios das cotas, que não se amparam em "porcentagem" de sangue e sim em cor da pele.

Na verdade, ao concordar em que raça não existe como conceito aceitável, mas justificando o uso do termo como instrumento de categorização para desconstruir hierarquias senhoriais (já que existe uma "relação racial"), o Relatório do STF desconstrói formalmente o silenciamento ambíguo da forma social escravista e traz à cena a questão da visibilidade pública. Por outro lado, abre o espaço para a ambiguidade das "autodeclarações raciais": em 2021, a imprensa noticiou que pouco mais de oitenta parlamentares "mudaram" formalmente de identificação racial, na maioria passando de pardo para branco, mas também de branco para pardo, às vezes para negro ou para indígena.

Como temos reiterado, em vários planos (linguístico, visual etc.), a ambiguidade da forma encontra o seu sentido numa realidade social que se transfigura para deixar intocada a raiz da hierarquização discriminatória. Tudo aí é dúplice. Maquiada, essa realidade aparece como uma *duplicidade* manifestada pela dimensão cultural, pela "estranha combinação de realismo e de convenção; isto é, como *o próprio equívoco da expressão*"[114].

No passado, disso um exemplo notório foi dado por Ruy Barbosa ao determinar a queima dos registros de escravos nas comarcas, sob o pretexto de "apagar a mancha" da escravatura. O sacrifício da memória à "boa" imagem civilizatória tipifica, na verdade, em termos coletivos, o

---

114. LEDRUT, R. *La forme et le sens dans la Société.* Op. cit., p. 94.

fenômeno (psicológico, também freudiano) do *unges-chehenmachen*, ou seja, "fazer de conta que não aconteceu", com vistas a anular pela história um passado de repente embaraçoso, portanto, uma tentativa de retoque do perfil nacional para efeitos internos e externos. Disso um exemplo historicamente mais recente foi a morosidade do poder público na restauração do Cais do Valongo, na Zona Portuária do Rio de Janeiro, para tentar encobrir como fato apenas "arqueológico" o lugar de ingresso do sofrimento na chegada dos escravos ao Rio. Na clínica psicológica, o fenômeno integra o mecanismo psíquico de defesa, em que, pelo esquecimento, o indivíduo evita lidar com uma cena traumática do passado.

Noutro plano, o exemplo mais imediato está no retoque das fotografias de figuras públicas que, fossem elas mesmas ou seus eventuais editores, pretendiam branquear-se ou fazer de conta que não nasceram com a tez escura. Dentre personalidades já citadas, destacam-se imagens da maestrina Chiquinha Gonzaga, do Presidente Nilo Peçanha e daquele considerado o maior escritor brasileiro em todos os tempos, Machado de Assis.

Não foi, entretanto, o cognominado "Bruxo do Cosme Velho" quem alterou a própria imagem, como acontecia com Nilo Peçanha e muitos outros. Machado tinha a pele negra, como se pode verificar nas fotografias, mas é frequentemente descrito por intelectuais como mulato, supostamente uma atenuação da evidência epidérmica. Figuras proeminentes como Joaquim Nabuco e o crítico literário José Veríssimo protestaram publicamente pela atribuição de negritude ao escritor. Epítetos do tipo "alma grega" foram utilizados como argumentos para tergiversar sobre a sua ascendência africana, uma vez que o simples fato de reconhecimento da existência de um gênio literário negro, de origem humilde, perturbaria a tranquilidade dos juízos eugenistas sobre a inferioridade humana dos afrodescendentes.

Machado, porém, jamais expressou qualquer juízo de valor negativo ou positivo sobre a sua cor de pele, ou seja, não levantou a questão racial em causa própria, aparentemente dando continuidade à atitude social mais integrada ou característica de negros e mulatos no Segundo Reinado. Não à toa, o romancista José de Alencar, branco e racista em suas ficções, dirigia-se a ele em carta com o tratamento respeitoso de "Vossa Excelência".

Nesse silêncio pessoal, Machado deixou de ser acompanhado por outros expoentes das Letras, de um modo ou de outro, amargurados pela negritude física. Por exemplo, Lima Barreto, escritor importantíssimo, que admitia publicamente a sua negritude e, por isto mesmo, era vetado em publicações de público mais amplo: "Fui a bordo ver a esquadra partir. Multidão. Contato pleno com meninas aristocráticas. Na prancha, ao embarcar, a ninguém pediam convite, mas a mim pediram. Aborreci-me. Encontrei Juca Floresta. Fiquei tomando cerveja na barca e saltei. *É triste não ser branco*" (*Diário íntimo*).

Esse misto de tristeza, vergonha e mágoa é fruto de um trauma antropológico (ou ético), capaz de levar à discriminação do ventre materno, como acontece com o personagem *Isaías Caminha*:

> Embora minha mãe tivesse morrido havia alguns meses, eu não tinha sentido senão uma leve e ligeira dor [...]. Tinha feito chegar a mim uma espécie de vergonha pelo meu nascimento, e esse vexame me veio diminuir em muito a amizade e a ternura com que sempre envolvi a sua lembrança [...] julgava-me a meus próprios olhos muito diverso dela, saído de outra estirpe, de outro sangue e de outra carne.

Muito diferente do sentimento de Lima Barreto era o que comparecia nas referências de Luiz Gama a Luiza Mahin, sua mãe, partícipe de insurreições como a Sabinada e a Revolta dos Malês. Na "Carta a Lúcio Mendonça", ele a descrevia como "uma negra, africana-livre, da Costa-da--Mina (Nagô de Nação), de nome Luiza Mahin, pagã, que sempre recusou o batismo e a doutrina cristã". E no poema "Minha mãe", a louvação: "Era mui bela e formosa, / Era a mais linda pretinha, / Da adusta Líbia rainha, / E no Brasil pobre escrava! / Oh, que saudade que eu tenho / Dos seus mimosos carinhos, / Quando c´os tenros filhinhos / Ela sorrindo brincava".

Mas isso é datado de meados do século XIX, anterior à pressão externa e interna pelo retoque da imagem. Ainda assim, o caso de Lima Barreto mostra que o retoque não era extensivo a todos no interior da forma social escravista. Isso dependia da amplitude do reflexo individual na sociedade como um todo e das particulares inclinações senhoriais. Nas relações de *exterioridade* – desde as repercussões pessoais no plano das relações internas até o acolhimento de estrangeiros como imigrantes –, a ambiguidade da forma comportava estratégias de inclusão social que eram, no fundo, "negociações" identitárias, permitidas a uns e negadas a outros.

Assim é que, já na Primeira República, imigrantes árabes (sírios, libaneses), judeus e japoneses cavaram progressivamente suas inserções no âmbito ideológico da "brasilidade" como *não brancos e não pretos*. Surge daí o fenômeno da identidade nacional "hifenizada" (sírio-brasileira, nipo-brasileira etc.), segundo descreve o historiador e brasilianista J. Lesser[115]. Nos Estados Unidos persiste a hifenização ("afro-americano", "sino-americano" etc.) como um meio de afirmação social da prevalência do paradigma branco. No Brasil, entretanto, essas etnicidades múltiplas – decorrentes da imigração, socialmente experienciadas como um avanço capitalista na força de trabalho – significam, na prática, a *transformação da brancura como categoria cultural* e sua particular adaptação à ambiguidade de uma forma social.

---

115. LESSER, J. *A negociação da identidade nacional – Imigrantes, minorias e a luta pela etnicidade no Brasil.* Unesp, 2001.

Na verdade, até mesmo o eugenismo doutrinário podia apresentar uma faceta ambígua no interior da forma social escravista, uma vez que as suas prescrições raciais faziam-se acompanhar da enviesada perspectiva de um "progresso humano". A imigração do tipo "não branca/não preta" prestava-se a uma das metamorfoses admitidas num espaço de coexistência negociado, que é o espaço dos corpos coletivos. Nesse horizonte se desenvolveu a ideologia de uma miscigenação "benéfica", que funciona como uma espécie de escora simbólica para a persistência da forma escravista. Na verdade, persistência do mesquinho pequeno mundo escravista, cujas elites – mesmo exaltando intelectualmente a civilização francesa – faziam na prática do tríptico igualdade/liberdade/fraternidade um mote irrisório.

Entendemos aqui *ideologia* – não apenas como um sistema consistente e dominante de representações – mas como a *forma* que determinados conteúdos assumem socialmente. A forma social escravista não configura propriamente uma ideologia – pois é forma de vida e não forma consistente de ideias – mas pode ser encarada como um "idioleto" classista ou uma espécie de linguagem privada da elite dirigente – evidentemente, inculcada e repetida como câmara de eco por estratos subalternos da população – em que vigem regras típicas dos jogos de linguagem. Só que, ao invés de articulações discursivas, os jogos da forma social instituem um campo de impressões ou sensações. A forma responde

200

na prática à objeção que se faz logicamente a quem diz experimentar a sensação de outro.

Como bem sabem os profissionais da filosofia, existe a questão (wittgensteiniana) de que ninguém pode fazer a experiência das sensações de outra pessoa. Disso não se deduz, entretanto, que ninguém possa *saber* da sensação ou da impressão que outro está tendo. Pode, sim. Por quê? Por causa da *afinação* entre os sujeitos de um jogo de linguagem ou de uma forma de vida *vinculativa*. Diferentemente da mera "relação social", objeto exemplar da sociologia, a vinculação define-se como a radicalidade da diferenciação e da aproximação entre os seres humanos, e daí como *a estratégia sensível que institui a essência do processo comunicativo,* este que John Dewey chamava de "interação comunal". Essa estratégia não está apenas na consciência do sujeito, mas também no jogo diferencial dos signos, ou seja, na linguagem e em seus jogos.

A *percepção* (no sentido fenomenológico do termo, como o fundo sobre o qual os sujeitos se destacam e lhes permite afetar e serem afetados) cria uma *sintonia* garantida pela vinculação patrimonialista operante na forma de vida. A força principal do vínculo está não apenas na conexão radical e afetiva entre os vivos, mas também na conexão com os mortos, por meio da memória individual e coletiva. É a sintonia vinculativa que permite a alguém ter uma sensação análoga à de outra pessoa no interior da forma social escravista e que alimenta por coexistência um saber sem palavras.

Não se trata, portanto, de uma sintonia aleatória ou socialmente desinteressada. O patrimonialismo constitui uma linha de sentido – o destino privilegiado de uma linhagem – que parte dos latifundiários do Império e é passada como uma espécie de bastão olímpico pelos grandes fazendeiros da Primeira República até o empresariado predatório de hoje. No imaginário patrimonial, o país é um latifúndio. No círculo existencialmente traçado por essa linha, as sensações continuam a ser privadas – e podem eventualmente exteriorizar-se na passagem ao ato racista – mas o jogo de linguagem que lhes provê a regra constitutiva é comum, ou seja, é praticado por um segmento de classe social dirigente, que funciona como espelho para as massas subalternas. Estas "transcrevem" por palavras e atos as prescrições raciais das elites dirigentes, não raro por uma oblíqua cumplicidade, análoga àquela historicamente registrada entre sequestrado e sequestrador ou entre torturado e torturador.

Escudados na regra básica da forma social escravista, que é a negação, os sujeitos da cidadania privilegiada podem entregar-se ao esquivo jogo das ambiguidades, em que se é racista sem ter de admiti-lo ou então fingir que concorda com o movimento de emancipação cidadã do descendente de escravo, sem na realidade aceitá-lo.

Esse é o contexto em que emerge a *senhorialidade*, característica da forma escravista, aliás, alegorizada em *A menina morta* (1954), o inquietante romance de Cornélio Penna. O escritor encena, num latifúndio escravocrata do Vale do Paraíba, relações de família marcadas por uma hierarquização senhorial em que prevalece o espírito da velha ordem imperial; isto é, o sistema patriarcal. O silenciamento em torno das circunstâncias da morte de uma menina – fato a que até mesmo a sua mãe mostra-se insensível – e a hierarquização rígida das relações intersubjetivas são traços de um ordenamento humano obsessivo ou doentio que recobre escravos e os próprios senhores. A menina traduziria a única comunicação humana possível entre pessoas isoladas em si mesmas e os escravos da fazenda. A sua morte está envolta nessa falta e no medo impalpável que paira sobre a família, com prenúncios de decadência ou de degeneração da velha ordem. Traços melancolicamente ambíguos ajudam a compreender como o sentimento senhorial passou da situação escravista originária na Colônia e no Império até as sucessivas repúblicas.

Como já foi indicado, na vida social pós-Abolição, silencia-se sobre a hierarquização racial, mas esse silenciamento pode ser temporariamente interrompido em situações extremas ou embaraçosas, quando se recorre à fórmula abusiva do "você sabe com quem está falando?" Este é um clichê não restrito ao negro, mas *perversamente* derivado da senhorialidade exercida sobre negros. Onde a perversão? No prolongamento da forma escravista pelo suposto "senhor" que, tornado "compadre" imaginário do privilégio patrimonialista, transcreve em discurso e ações a hierarquização social.

No fundo da senhorialidade escravista se entrevê um passionalismo agônico (resíduo mítico da luta de vida e morte entre senhor e escravo), não muito distante da doutrina do Marquês de Sade, em que o libertino nega ao outro qualquer acesso à soberania, não mais sob a égide da violência física (como na sociedade escravista), mas sim sob a égide de uma suposta posição de autoridade e de um princípio de luxúria afim ao sadiano *princípio da delicadeza*:

> Não é verdade que agora o costume do homem, em seus prazeres, é emocionar os objetos que servem a seu gozo, da mesma maneira que emociona a si próprio, e que esses procedimentos são chamados de metafísica do prazer, de efeitos de sua delicadeza? Mas, responde a isso o ser movido por uma volúpia brutal, isso *não me agrada*. Meu dinheiro, meu crédito ou minha posição me dão alguma autoridade sobre ti, ou alguma certeza de que poderei anular tuas queixas. Tolera, sem dizer uma palavra, tudo o que eu te impuser, porque preciso gozar, e só consigo gozar se te atormentar, se vir tuas lágrimas se derramando[116].

No caso da forma escravista, é preciso acrescentar a cor da pele a essas "posições de autoridade" e particulari-

---

116. SADE. *A filosofia*, apud ENRIQUEZ, E. *As figuras do poder.* Via Lettera, 2007, p. 125.

zar os emocionalismos com os objetos de gozo por meio de inflexões de linguagem (diminutivos afetivos, votos efêmeros de fraternidade etc.) e de atitudes paternalistas. Na época em que foi viva na imprensa sulista a crítica acerba às cotas raciais, era possível ler artigo de jornalista de aparência progressista que denegava a existência de racismo sistemático (estaria limitado a alguns setores de classe média alta e não intelectualizada) e atacava as políticas compensatórias, porque estas alegadamente o impediriam de continuar chamando de "negão" um eventual amigo de boteco. Por esta variação do "princípio da delicadeza", o "povo" nacional estaria estruturalmente irmanado na música e no futebol.

De modo geral, sem a posse da terra, abandonado à sua sorte pelo Estado e, no entanto, um "intruso" perversamente assimilado, o afrodescendente é percebido como uma espécie de "símbolo do fluxo da circulação pulsional" (expressão de Eugène Enriquez para referir-se ao nômade); isto é, como um portador de pulsões eróticas ou de destruição. É verdade que epítetos do tipo "meu nego" e "minha nega" contrastam fortemente com o insultuoso "*nigger*" americano, mas também com a atmosfera violenta no relacionamento entre brancos e negros na América, como relata a escritora Caroline Randall Williams: "Eu tenho a pele da cor do estupro. A minha negritude marrom-claro é um testamento vivo das regras, práticas e causas do Velho Sul [...] sou uma mulher negra, sulista, e meus ancestrais brancos mais próximos eram todos estupradores. A minha própria existência é uma relíquia da escravidão e de Jim Crow" (*New York Times*, 26/06/2020).

No Brasil, existe a crônica escravista da "ama de cama", no fundo uma forma eufemística de estupro, que se prolonga libertinamente na forma social posterior à Abolição. É algo diferente ao que se verifica na crônica das relações entre as elites embranquecidas na América hispânica e as mulheres indígenas ou *cholas*, em que se dava o fenômeno da "aversão libidinal". No Brasil, ao contrário, sempre se realçou o pendor sexual branco por negras e mulatas. Entretanto, ainda em pleno regime escravagista, uma peça de autoria de Francisco Pinheiro Guimarães, intitulada *Histórias de uma moça rica* (1861, girava ao redor de uma "mulata má" que seduzia o seu proprietário. É que tudo isso se torna objeto de opção a depender das circunstâncias: a delicadeza paternalista ou mesmo libertina (a exaltação sexista da "mulata") pode optar por seu oposto, se contrariada, já que não tem significação absoluta. Aliás, isso também não escapa à ótica sadiana, como observa Enriquez: "Contrariamente às palavras costumeiramente atribuídas a Sade, ele *jamais quer optar*. Toda a obra de Sade significa uma coisa e seu contrário. Romanceiro da ambivalência, dos contrastes, ele jamais se deixa aprisionar por qualquer significação"[117].

Um exemplo curioso dessa "delicadeza libertina" pode ser encontrado na marchinha "O teu cabelo não ne-

---

117. ENRIQUEZ, E. Op. cit., p. 126.

ga" (1932), de Lamartine Babo, um dos maiores sucessos carnavalescos de todos os tempos. Na canção, a mulher é de saída identificada como afrodescendente "mulata" pelo cabelo, que "não nega" a realidade da cor. Em seguida, certifica que "a cor não pega", quer dizer, não é contagiosa, logo, pode ser objeto amoroso ou sexual. É acanhada a abordagem do assunto, pois Lamartine não era nenhum militante eugenista. Pelo contrário, é até hoje o querido "Lalá" da historiografia musical. Deste setor provém um esclarecimento no sentido de que, na terceira década do século passado, a expressão "não pega" significaria também "não tem relevância", logo, a canção seria antirracista.

Além do mais se sabe que a sugestiva introdução musical no arranjo (responsável em grande parte pelo sucesso da canção) foi feita por Pixinguinha, um dos gênios da música brasileira, comprovadamente atento às tradições africanas. De um jeito ou de outro, em meio à ambiguidade "sadiana" da significação, permanece inabalável a evidência histórica de que as negras de pele mais clara, "mulatas", eram os alvos prediletos das indelicadezas senhoriais.

Nos idos desta primeira metade do século, as formulações violentas de senhorialidade – contrárias, portanto, ao citado "princípio da delicadeza" – e os atos explícitos de discriminação racial, em razão do andamento da luta antirracista, tendem a ser expostos na mídia como se fossem "desvios" individuais do cotidiano nacional. Aqui, o episódio do alto magistrado que intimidou o guarda municipal com a fórmula do "você sabe com que está falando?" Ali, a notícia do indivíduo que, interpelado como "cidadão" pelo guarda da esquina, responde, indignado, "não sou cidadão, sou engenheiro formado". Acolá, a altíssima autoridade que garante a um jornalista que nenhum de seus filhos se casaria com uma mulher negra, pois teriam sido "muito bem-criados".

São de fato muito variados os registros da zona fronteiriça da discursividade onde o negro é erraticamente *apenas apontado* como "macaco", "malandro" etc. É o racismo que já especificamos como um *sentimento de existência* isolado ou fechado em si mesmo, como algo aquém de qualquer expressão conceitual ou de articulação lógica, ou seja, como a resultante automática de reações emocionais enraizadas.

Em princípio, não ousa confessar o seu nome. Abrigado em um *sensório* global, uma espécie de síntese emocional que informa os esquemas existenciais, ordenadores da experiência comum, o *nacional-racismo* é o estado latente da violência física, ao modo de uma "necropolítica" à espera de ocasião. Esse é o mesmo esquema em que o indivíduo confunde o vizinho negro com um assaltante e o mata a tiros; ou então um casal ataca a pontapés um jovem negro-pardo que tentava abrir a porta de seu próprio carro na frente da residência; ou ainda, os seguranças de um supermercado de grande porte, variações do guarda da esquina ou de policiais militares nas favelas espancam e sufocam até a morte um homem negro-pardo, desarmado que apenas fazia compras ao lado da esposa, mas tinha tido uma pequena discussão com a funcionária do caixa. Prendem-se os autores do homicídio, mas a delegacia de polícia responsável pela investigação conclui pela inexistência de qualquer motivação racial no crime.

Ou seja, as instituições tentam negar, os discursos públicos negam igualmente. A imprensa brasileira foi mais conservadora, senão reacionária, do que o Supremo Tribunal Federal no problema do racismo: fechou questão editorial contra as cotas raciais, embora deixando transparecer na historiografia do cotidiano as provas circunstanciais do racismo ambíguo. Na cobertura jornalística diária, o modelo de informação que costuma individualizar os fatos noticiosos como ruptura do ordenamento cotidiano, segundo os velhos ditames da noticiabilidade, ajusta-se à negação enquanto regra constitutiva da forma social escravista e, no limite, contribui para escamoteá-la ou torná-la invisível. A cobertura apenas factual do fenômeno racista é um modo indireto de invisibilizá-lo. A medida da desigualdade social intrínseca aos modos variados de hierarquização racial não pode ser aferida pelo jogo de linguagem da informação pública, cujos eventuais tons de indignação, com honrosas exceções, apenas encobrem o quadro maior da forma social discriminatória.

A propósito desse encobrimento de um real sentimento de existência por palavras indignadas, vale uma remissão ao conto "Um posto avançado do progresso", que serviu de ensaio para Joseph Conrad escrever depois a obra-prima novelística *Coração das Trevas* – um dos maiores libelos anticolonialistas do século XX, comentado por Jorge Luis Borges como "o mais intenso dos relatos concebidos pela alma humana". O foco de Conrad está basicamente na ambiguidade dos afetos. A remissão contempla, assim, o trecho em que dois agentes coloniais expressam indignação ao descobrirem que alguns de seus empregados africanos foram vendidos a traficantes de escravos. Um deles diz: "A escravidão é uma coisa horrível". E o outro: "Terrível, tanto sofrimento".

Conrad é cáustico para com toda essa piedade: "Acreditavam no que diziam. Qualquer pessoa demonstra uma deferência respeitosa perante certos sons que ela própria ou os seus semelhantes são capazes de emitir. Quanto aos sentimentos, porém, ninguém na verdade sabe nada. Falamos com indignação ou entusiasmo, falamos de opressão, crueldade, crime, devoção, sacrifício, virtude, e não sabemos o que existe de real por trás das palavras. Ninguém sabe o que significa o sofrimento ou o sacrifício – exceto, talvez, as vítimas da finalidade misteriosa dessas ilusões".

O escritor deixa transparecer o enganoso na simples relação da empatia com a linguagem. Indignação e entusiasmo são conotados como emoções que desencadeiam palavras, mas também como potenciais barreiras para o acesso ao que realmente conecta o discurso à ação; isto é, as emoções lúcidas ou sentimentos. Não se fala sem língua, mas é enorme o escopo da ilusão encobridora na mediação entre homem e mundo operada pela ordem dos signos. É precisamente dessa ilusão que resulta a forma escravista, em particular no que diz respeito à permanência de uma vontade de estabilização da realidade tal e qual é vivida pelos sujeitos do patrimonialismo.

No silenciamento inerente à forma escravista, essa vontade nega, uma vez mais, tanto a dimensão comunitária como a conflituosa da vida social. Diz Enriquez:

> *Comunitária* na medida em que uma sociedade não pode ser instaurada de maneira perdurável sem a formação de um laço libidinal canalizado nas atividades produtivas ou sublimado nas atividades lúdicas e estéticas que unem os homens uns aos outros, favorecendo a formação de laços de afeto, carinho, amizade e fraternidade, em suma, de solidariedade entre eles. *Conflituosa* na medida em que, como cada homem acredita ser um indivíduo consciente e voluntário, conduzido somente pela razão, ele pode ser tentado a fazer com que prevaleçam suas opiniões e seus desejos sobre os outros, apesar de não ter mais legitimidade do que os deles[118].

Ou seja, do significante vazio do regime escravista, emerge uma forma social que reconfigura o sentido abo-

---

118. Ibid., p. 160.

lido – o *apartheid* subsiste em maneiras mais brandas de se evitar a proximidade convivial – porém, com nova matéria e novo jogo de linguagem. Essa, como toda e qualquer forma, não é eterna nem imutável, mas pode desaparecer e reaparecer dentro de uma circularidade ensejada pela regra do jogo de linguagem. Seus ritos concretos e vivos não se encadeiam abertamente pelo sentido – seja econômico ou psicológico – e sim pela regra secreta de uma convenção de classe social, que é ao mesmo tempo inconsciente e cúmplice. Não se pode desnudá-la à luz da lei – seja jurídica ou representativa – porque a regra se situa num plano diverso da lei, e esse é o plano das formas, como o da obra de arte, em que há algo de irredutível à razão do sujeito.

Não há como discernir essa forma apenas conceitualmente, o que incita o observador a recorrer a histórias de vida, senão a pequenos episódios ou a cenas do cotidiano em que a senhorialidade escravista aparece, a despeito da suposta vontade racionalista do sujeito, como se fosse um campo externo e coletivo de consciência. Essa "vontade" está pressentida no personagem "Quincas Borba", de Machado de Assis, ao dizer que ao vencido (o escravo) restariam ódio e compaixão. São afecções que hoje se alternam no interior da forma escravista.

Um episódio em particular nos envolve. Em Paris, durante uma viagem de participação na Bienal Internacional do Livro, um *pickpocket* de metrô me furta uma carteira de dinheiro e um cartão de crédito. Mais tarde, em visita à residência de um notório intelectual brasileiro, onde se reuniam outros pares, narro o incidente do furto com algum humor, evocando um conhecido filme francês sobre essa "arte" de mau gosto. Um dos presentes, branco, elitista, elevado consumidor de cultura, presumivelmente antirracista ou talvez apenas um fidalgo *snob* – senão, um sujeito da "boa consciência" republicana, que levanta a bandeira da "igualdade para todos" – relata que lhe havia acontecido algo igual tempos atrás, tendo inclusive comparecido a uma delegacia de polícia, onde teve uma segunda experiência desagradável. Digo que, ao contrário, tive a sorte de um tratamento cortês. *Ele replica que o fizeram esperar longo tempo sentado ao lado de "todos aqueles africanos".*

Senão, vejamos. Por sua proveniência intelectualizada, a réplica evoca a célebre perplexidade de Montesquieu em *Cartas Persas* (1721), uma ficção etnológica em que viajantes persas examinam os costumes e a mentalidade dos europeus. A reação de espanto diante dos trajes ou mesmo das aparências orientais, por parte daqueles que se supunham sujeitos únicos dos valores universais, resumia-se assim: "O senhor é persa? Mas como se pode ser persa?" Sabidamente, partiram daí os estudos do orientalismo como "estilo de pensamento", aliás, criticados por pensadores como Abdel-Malek e Edward Said no século XX.

Inicialmente, a réplica fidalga em questão poderia ser assim traduzida: "Como se pode ser africano?", principalmente se os "africanistas" existentes não se dão tanto a conhecer nem desfrutam da inserção acadêmica que tiveram os orientalistas no passado. Em seguida, é preciso levar em conta que a compreensão de uma frase ou de uma mensagem pressupõe um conhecimento *a priori*, que normalmente fica implícito ou inconsciente. Por exemplo, o saber iluminista quanto às certezas do progresso, seja no plano da ciência, seja no das conquistas tecnológicas, que são as últimas promessas de progresso ilimitado por parte do Capital.

Esse tipo de conhecimento pode ser descrito como uma *imagem do mundo*; isto é, a visão do mundo tal como, aliás, "deveria" ser muito bem ilustrada num aforismo de Epiteto: "Não são as coisas em si mesmas que nos afligem, mas a opinião que fazemos delas"[119]. Comenta Watzlawick, um analista da comunicação terapêutica: "Nós somos confrontados a duas "realidades". Pensamos que uma exista objetivamente, fora de nós, de modo independente (lhe daremos o nome de *realidade de primeira ordem*). A outra é o resultado de nossas "opiniões" e de nosso julgamento e constitui, pois, a nossa *imagem* da primeira (lhe chamaremos *realidade de segunda ordem*)"[120].

Na verdade, as duas interpenetram-se e entram na vida humana não como um fato predominantemente psicológico, mas como uma imagem objetiva na superfície

---

119. Cf. WATZLAWICK, P. *Le langage du changement*. Seuil, 1980, p. 48.

120. Ibid., p. 49.

de um espelho, portanto, como uma realidade sensível capaz de dar corpo a um determinado espírito. A imagem é o meio de transmissão das afecções sensíveis que afetam tanto o discriminador como o discriminado.

Na forma social escravista, desligada da antiga materialidade da estrutura escravista, o que predomina são imagens instauradoras de um campo sensível, responsável pelas afecções discriminatórias. A imagem de mundo ou a apreensão sensível do mundo torna-se, assim, uma síntese mais ampla do que o mero juízo verbal, incorporando, por meio de um mosaico de representações, experiências e interpretações suscetíveis de valoração.

Na linha explicativa de Watzlawick, a imagem de mundo faz com que o hemisfério cerebral direito – sede do que a teoria psicanalítica designa como *processos primários* – prevaleça sobre o esquerdo, que responde pela racionalidade analítica. A imagem de mundo induziria a uma apreensão figurativa, senão inconsciente, da realidade. Mas certamente induz de fato a consciência à expressão de um *narcisismo negativo*, em que a exaltação da identidade supostamente própria corresponde à negação da imagem do outro. O escopo interpretativo da imagem não está restrito à esfera interna, de natureza psicológica, pois se irradia em formas externas e autônomas. Vale recorrer à distinção wittgensteiniana entre *Vorstellung* (representação interna) e *Darstellung*, que é a representação encenada exteriormente, como no teatro. As imagens socialmente ativas podem anular essa dicotomia.

No caso em pauta, a queixa fidalga funde a imagem do negro brasileiro – cidadão representado como sub-humano na literatura hegemônica e, assim, alijado das representações nacionais – com o *a priori* da imagem negativa da África presente no senso comum europeu, como avalia Murungi:

> Aparentemente, os sinais da desolação metafísica podem ser vistos no subdesenvolvimento obstinado que se vê na persistência da fome, doença, analfabetismo, estagnação social e cultural, violência intestina, limpeza étnica e inépcia política e econômica. Aos olhos de muitos, a África continua a ser representada como o Coração das Trevas. Os índices de subdesenvolvimento, ao que parece, encobrem a ausência mais profunda de um solo metafísico e de uma direção histórica[121].

Por ignorância antropológica – a "vontade de ignorar que se faz passar por saber" (Achille Mbembe) – essa imagem apriorística da África como um *single continuum* racial pode confundir-se com a pigmentação. Explica o mesmo autor: "Ser africano e ser negro não são termos sinônimos. Os negros de que Hegel falou, ou os negros de que fala qualquer um, não são africanos, nunca foram africanos e nunca serão africanos. Os termos negro e pre-

---

121. MURUNGI, J. *African philosophical currents*. Routledge, 2018, p. 49.

to não se referem a uma realidade idêntica à realidade africana. Ser africano é radical e qualitativamente diferente de ser negro. Há uma clara diferença ontológica e existencial. Ser negro é um modo de ser que está profundamente enraizado na mitologia racista europeia"[122].

Por outro lado, pode acontecer que esse homem escuro ou "negro" tenha nascido em qualquer país dessa região do mundo e seja, portanto, um inequívoco e republicano "nacional" europeu. Tal eventualidade torna problemática a suposta identificação étnica do indivíduo escuro por um branco. Multiplicam-se os episódios problemáticos. Mas a frase inadvertidamente racista do intelectual brasileiro, certamente calcada numa convicção *a priori* quanto aos "valores universais modernos", derivava da ignorância de que "ser negro" é um fato essencialmente *relacional*, cuja significação existencial se constrói na oposição morfológica entre "homem branco" e "homem negro" como categorias ontológicas.

Apesar disso, no episódio da delegacia parisiense em questão, foi imediata no ambiente culto a percepção do preconceito, possivelmente em razão da presença de um interlocutor assumidamente negro. Analogicamente, pode-se pensar numa cena teatral sem roteiro explícito ou predeterminado, em que uma frase acidental faz aparecer uma forma tergiversada – no caso, a forma social escravista. Não se tratou de mero ato falho, como parece ter sido o caso do jornal *O Estado de São Paulo*, que ilustrou a matéria

---

122. Ibid., p. 56.

do massacre numa escola por um adolescente branco (novembro de 2022) com a imagem de uma mão negra segurando uma arma. No episódio do relato sobre a delegacia, tratou-se talvez de um exemplo de "idiotia transcendental" (Clément Rosset), em que a forma escravista estendeu o seu campo de referência, para além dos afrodescendentes brasileiros, até aos cidadãos negros de outros países. A forma irrompeu automaticamente, como reflexo fugidio de uma emoção represada, contornando a contenção racionalista do sujeito e produzindo uma singularidade capaz de espelhar por um instante o "idioleto" racial. O individual e o coletivo aconteceram juntos no desnudamento da forma.

Rousseau assegura (*O contrato social*, 1762) que "as instituições mais sofisticadas são impotentes em sanar costumes viciados". Instituições são, naturalmente, feitas de gente concreta. A frase pode, assim, deslocar-se para "sujeitos de cultura sofisticada" afetados pelo costume implicado na forma social escravista, que não é realmente uma instituição, mas tem pontos coincidentes quando se considera o lado da pressão automaticamente exercida pelo jogo de linguagem ou forma de vida. Daí, a inutilidade já reiterada do manejo intelectual de conceitos antirracistas para dar conta de todo o escopo individual e coletivo da discriminação racial.

Não que a forma possa ser justificada por um naturalismo ou um "inatismo" supostamente característico da sociabilidade patrimonialista de linhagem escravista. Mas o fato é que ela pode escapar à categoria (agostiniana) da "subjetividade consciente" por estar inscrita como fenômeno no foro íntimo ou foro interior, não limitado ao ato físico da fala. Ela é um ato de existência, portanto, a expressão de um ponto de vida concordante com uma regra, afim à negação, o *sigilo*. O medieval cristão *sigillum confessionis*, que preside até hoje à individuação do sujeito moderno, funciona na forma escravista como uma convenção própria da mediação entre o sujeito e a realidade social.

Num certo nível de civilidade e de impregnação cultural, não se confessa a discriminação racial, ela permanece sob sigilo, assentada num quadro diferencialista: o "senhor" não *precisa* do "servo" (no sentido forte de interdependência, presente no regime escravista), apenas *carece* de uma provisória ou substituível mão de obra.

Outro episódio, num quadro institucional, pode aprofundar a compreensão dessa forma. Exame de seleção para um mestrado: um membro da banca, branco, jovem professor universitário, com sentenças de atitude progressistas, opta pela rejeição da candidata, ao mesmo tempo em que manifesta a sua aprovação de outra, nas mesmas condições intelectuais da primeira. Perguntamos por quê. Resposta imediata e surpreendente: "Vocês sabem quem é o pai dela?" Não se sabia, isso não estava em questão, mas o progenitor da preferida era um respeitável professor da mesma universidade.

Como este pequeno episódio aprofunda a compreensão? É que o julgamento não rejeitava uma das candidatas por motivo de cor da pele (as duas eram brancas), e sim por uma variação da regra do "você sabe com quem está falando?" Em outras palavras, apesar da ausência do fator "raça", a racialização da diferença entre uma e outra se fez pela inscrição automática do patrimonialismo institucional ou do "filhotismo" discriminatório no juízo de valor.

Vale repetir Tzevetan Todorov: "o racismo não precisa de raça para se expressar". Que o digam os portugueses de pele clara que, ao migrarem para países do norte da Europa, acabavam descobrindo que não eram tão brancos nem tão europeus quanto se supunham. Mas também o digam os brasileiros do mesmo fenótipo que, migrando para Portugal nesse primeiro terço de século, às vezes descobrem que não são tão brancos quanto os portugueses se supõem. Digam-no igualmente os russos ao descobrirem que, apesar da pele muito clara, não são considerados brancos pelas elites *wasp* dos Estados Unidos.

O racismo é *mobile*. No passado brasileiro, quando ainda se punha a questão da escravização de indígenas, estes passaram a ser designados como "negros da terra", ou seja, a impostura da raça era invocada para fins de legitimação da violência. Já na forma social escravista se tornou impossível a produção de um discurso racista determinado, daí a fluidez ou a ambiguidade da forma, cujos conteúdos se transfiguram indefinidamente.

A compreensão do fenômeno não é favorecida pelo argumento de classe social (no sentido socioeconômico do conceito), e sim pela "verdade afetiva" de um juízo de valor em que predomina a secreta afinidade eletiva de uma subjetividade cooptada ao modo do compadrio patrimonialista, embora não plenamente consciente de sua inserção modelar numa forma social discriminatória.

A restrição – "não plenamente consciente" – leva em conta que qualquer modelagem pode ser consciente ou subconsciente. Enquanto a primeira se traduz em "normas", a segunda aparece em atos ou comportamentos reflexos, que espelham a forma social. É a mesma hipótese implícita no conceito corrente de *meme*, entendido como uma unidade mínima de memória informacional, senão parte de uma ideia ou mesmo de um comportamento, capaz de replicar ou de propagar-se por uma espécie de contágio afetivo. Em sua analogia biológica com o *gene* do ser vivo, o *meme* guardaria elementos e regras de uma forma social, ainda que não expressos de modo dominante tal como se verifica na conservação de valores racialmente discriminatórios.

Daí, a relevância da visibilização pública do negro, considerando-se não apenas a expressão autônoma de voz nos espaços institucionais, mas também a pura e simples manifestação da presença e de suas aparências sensíveis no convívio social. Um episódio a se notar: quando da primeira versão na internet do aplicativo *Google Photos* (2015), o dispositivo reconhecia rostos negros como gorilas, o que depois levou a empresa a desculpar-se publicamente pelo se disse ser um "erro de cálculo" computacional. É que a visibilidade dominante de rostos brancos nos algoritmos programados dificultava a identificação dos "invisíveis" ou menos visíveis como seres humanos.

Em tudo fica evidente que a natureza da discriminação se mostra mais explícita quando se trata da cor da pele, porém episódios dessa ordem, aparentemente insignificantes, embora recorrentes no cotidiano, revelam, pela ambiguidade de seu desenvolvimento, as dificuldades para se alcançar o sentido extensivo da forma social escravista. Para isso contribuem o negacionismo, a tergiversação ou o sigilo da confissão racista.

O *sigillum confessionais* é um dispositivo muito antigo em determinadas tradições religiosas. Entre os sufis, por exemplo, a *taquia* ou "mentira sagrada" consiste em ocultar a própria fé, também interpretada em bases mais amplas no islamismo como autorização para mentir, desde que isso faça avançar a crença. Reencontra-se o mesmo fenômeno em formas germinais de fascismo, quando os seguidores aceitam negações ou mentiras para confirmar o arbítrio do chefe. No passado, sabia-se que a "Roma" de Mussolini era totalmente imaginária. No presente, dizia--se, por exemplo, de Donald Trump: "Ele mente para nos defender dos liberais, do Congresso, da Justiça e da mídia".

Na forma social escravista, o sigilo atua para ocultar, senão eventualmente negar o pertencimento à disposição discriminatória, o que torna difícil, por suas idiossincrasias, a apreensão do fenômeno racial brasileiro. Na prática, a forma social escravista ratifica o sétimo aforismo do *Tractatus*, de Wittgenstein: "Sobre o que não se pode falar, deve-se calar".

4
A PASSAGEM AO ATO RACISTA

No ano de 2022, numa cidade do interior do Maranhão, um cidadão de pele escura tentava abrir a porta de seu carro na rua quando um casal claro que passava o interpela como ladrão e, sem aceitar a resposta, começa a agredi-lo fisicamente, o que se estende a pontapés, sob apupos da mulher, uma dentista, que estimulava o agressor: "Chute a cabeça dele!" A vítima, real proprietário do veículo e morador do edifício em frente, foi salvo por vizinhos. Evidentemente, isso foi levado à delegacia de polícia e à promotoria pública: apenas mais um caso de passagem ao ato racista; isto é, a discriminação concretizada em agressão física ou xingamento.

Esse tipo de absurdo é recorrente na sociedade pretensamente democrática no Brasil, análoga ao que o filósofo camaronês Achille Mbembe chama de "democracia de escravos". No pensamento hegemônico das elites de composição diversa, tenta-se acenar com a bandeira das liberdades, dos direitos humanos e da equalização meritocrática de oportunidades sem questionar o racismo inerente ao DNA nacional. O mesmo contrassenso apontado por Samuel Johnson nos começos de fundação da república norte-americana – traficantes de escravos levantando a bandeira da liberdade dos brancos frente à Inglaterra, sem incluir os negros – reedita-se, guardadas as devidas diferenças, na moderna república brasileira. Os afrodescendentes não entraram no pacto social da Independência, nem mesmo retoricamente, como foi o caso dos indígenas. Mas é possível especular, à luz profunda da história, se isso é mesmo um contrassenso. Afinal, foi precisamente nas bases da democracia ateniense, estabelecida por Péricles e estabilizada por Clístenes, que se regularizou a escravatura. Foi Aristóteles quem, no século IV, elaborou a teoria dos povos escravos, visando a uma diferenciação – senhores e servos – que não era racial (raça é invenção da modernidade), mas algo "essencial" como divisão política da *Polis*.

Não existe, claro, nenhuma relação de causa e efeito entre o mundo grego e o subsequente. A intenção aqui é a de reiterar que a conceitualização do ordenamento institucional se orienta pela representação que a sociedade faz de si mesma e procura manter por hegemonia do sentido; isto é, por meio de uma reflexividade simbólica: um espelhamento ético sustenta a persistência da autoimagem desejada.

Diz a propósito Jeudy:

> O domínio aparente do vir a ser das sociedades está fundado nesse poder reflexivo que garante o uso federativo do sen-

tido dos conceitos. Pois a realidade em que vivemos, essa realidade que nós acreditamos construir parece ser apreensível apenas nos efeitos de uma representação produzida e sustentada por palavras que fazem referência, palavras que, repetidas de maneira encantatória, confirmam a nossa compreensão e legitimam as nossas ações[123].

Em outras palavras, a gestão social da realidade pós-abolicionista da escravatura obedece a um imperativo intelectual que garante o trabalho *injuntivo* dos conceitos junto ao público nacional. Nos livros, nas escolas, nos meios de comunicação, nos espetáculos, os conceitos conciliatórios sobre a realidade nacional são de fato injuntivos, no sentido de que obrigam ou impõem, como se resultassem de procedimentos lógicos, uma representação coletiva do comum em que o vínculo se diz democrático não apenas socialmente, mas também racialmente.

Nesse comum, evidentemente ilusório, não existiria racismo morfológico nem haveria lugar para algo tão problemático como uma explosiva questão racial nos protocolos afirmativos da unidade nacional. Daí, no interior da forma social escravista, que sucede à escravidão propriamente dita, tem vigência o negacionismo da chaga

---

123. JEUDY, H.-P. *Fictions théoriques*. Col. Manifeste. Léo Scheer, 2003, p. 111

racista, lastreado pela ambiguidade discursiva e por uma moralidade insincera

Essa escamoteação ocorre à direita, à esquerda e no centro políticos.

É inútil nos determos sobre o pensamento da direita ou mesmo do centro, mas vale a pena trazer à luz elementos da esquerda progressista. Considere-se, por exemplo, o tópico da união nacional, já presente, desde antes de 1945, em publicações marxista-leninistas, a exemplo da revista "Continente", de orientação partidária, onde escreviam ativistas e intelectuais destacados como Mário Alves, Rui Facó, Mauricio Grabois, Alvaro Moreyra e outros. A união nacional, no fundo uma centralização política de natureza estalinista, era aí concebida como uma diretriz ideológica que visava basicamente à classe operária.

Essa diretriz deixava de lado a *plebs*, ou o *lumpen* – isto é, o povo externo à organização oficial da sociedade civil –, assim como os povos da diversidade cultural: negros, mamelucos, caboclos, indígenas, ribeirinhos, esses mesmos que, na prática, conquistaram junto com os bandeirantes a unidade territorial do país. A busca esquerdista e oficial de união nacional orientava-se pelo saber de um povo abstrato ou indivisível, indiretamente moldado pelo universalismo europeu. A própria ideia de nação jamais se dissociou da imagem de um amálgama homogêneo e indiferenciado de massas, em nada distante das representações manejadas pela direita. Ou seja, o pensamento da esquerda brasileira – qualquer que fosse o seu matiz teórico europeu (leninista, stalinista, trotskista) ou sua filiação doutrinária (soviética, albanesa, chinesa, castrista) – esteve sempre dentro dos limites de um abstrato republicanismo liberal, alheio às contradições nacionais concretas, como a continuidade escravista.

É verdade que esse saber abstrato comportava certa "ideia de Brasil", mais culturalista do que socioeconômica e portadora de diretrizes esperançosas ou otimistas para a o desenvolvimento de um povo nacional, aparentemente ainda no começo de sua própria história. Tal como na visão de Darcy Ribeiro, sintetizada por um intelectual e ativista: "Éramos um país miscigenado, sentimental e alegre, moderno, culturalmente antropofágico, aberto ao outro e ao novo, desejoso de desenvolver-se, cheio de oportunidades diante de si. O passado nos condenava, mas o futuro nos redimiria. A figura mítica de Macunaíma e a figura real de Garrincha – figuras fora dos padrões, que faziam tudo errado, para no fim dar tudo certo – nos divertiam e nos encorajavam"[124].

Esse é um tipo de discurso que sempre teve ampla repercussão no espaço público das Letras, com efeitos mais específicos no que se refere à condição do afrodescendente, como o que está tipificado no texto jornalístico de um intelectual de esquerda no ano de 2003: "Não somos nem

---

124. BENJAMIM, C. *Uma certa ideia de Brasil*. *Enciclopédia de Brasilidade*. Casa da Palavra/BNDES, 1988, p. 457.

brancos nem negros – somos mestiços. Biológica e culturalmente mestiços. Aqui, mais do que em qualquer outro lugar, a tentativa de constituir uma identidade baseada na 'raça' é especialmente reacionária. A afirmação, que tantas vezes já ouvi, de que o Brasil é o país mais racista do mundo, é uma patética manifestação do nosso esporte nacional favorito – falar mal de nós mesmos".

Assim é que, em 2006, uma maioria branca de 114 professores e pesquisadores entre economistas, historiadores, sociólogos, antropólogos, cientistas políticos, artistas e poetas assinou um manifesto contra os projetos da Lei de Cotas e do Estatuto da Igualdade Racial, que tramitavam no Congresso. O texto dizia almejar um Brasil "no qual ninguém seja discriminado, de forma positiva ou negativa, pela sua cor, seu sexo, sua vida íntima e sua religião; onde todos tenham acesso a todos os serviços públicos; que se valorize a diversidade como um processo vivaz e integrante do caminho de toda a humanidade". Para os signatários, bastaria o preceito da igualdade de todos perante a lei para que o povo nacional espontaneamente, sem "o acirramento do conflito e da intolerância", eliminasse o racismo[125]. Não ocorreu a ninguém lembrar Hannah Arendt: "Um povo que acredita apenas em si mesmo está perdido".

---

125. Em fevereiro de 2022, portanto, dezesseis anos após o manifesto, onze dos signatários retrataram-se publicamente, admitindo que cometeram um erro no tocante às cotas para negros nas universidades.

É que a sensibilidade social da esquerda histórica no Brasil sempre foi protegida por espaços urbanos e bibliotecas: enxergou nos livros o escravismo, mas desconsiderou a realidade do racismo persistente, porque ficou cega à forma social escravista, entretanto bastante visível ao olhar voltado para a proximidade do cotidiano e dos embates institucionais. No romance, a questão aflorou porque a nacionalização literária no Brasil se fez por uma ética da mestiçagem: a diferenciação frente a Portugal consistia em incorporar peculiaridades territoriais sem descartar a assimilação de traços estrangeiros, europeus.

Realmente, o que acontece hoje com os povos sem bibliotecas e sem edifícios impressionantes? São "exterritoriais", ficam institucionalmente de fora da união nacional. Ao olhar eurocêntrico presente na forma social escravista, os exterritoriais são sintetizados pela imagem popular do ser nacional decaído, desde a imagem pessimista do caipira, o Jeca Tatu, até o Macunaíma. Este é figurado como o herói sem nenhum caráter, atravessado por uma espécie de pulsão de morte institucional, em que nada é regular, convencional, progressista, em que tudo é preguiça, improvisação e anarquia. Falta-lhe a dimensão de permanência, imprescindível à definição de caráter, necessária a uma recuperação pela educação e pela saúde.

Talvez não tenha grande pertinência analítica tecer considerações sobre a ausência da questão do racismo no movimento modernista, mas vale a pena retomar palavras de um de seus expoentes, o poeta, dramaturgo, romancista e crítico literário Oswald de Andrade (1890-1954) num discurso em homenagem a Ruy Barbosa, feito três anos antes da Semana de Arte Moderna (1919, no Centro Acadêmico 11 de Agosto da Faculdade de Direito de São Paulo):

> Pátria! Entre arvoredos uma casa, um pedaço de chão e o céu alto de promessas! Esbatida essa visão por 8 milhões de quilômetros de país, *conquistados, forçados por um punhado de brancos*, que havia em séculos de pertinácia transposto oceanos inéditos e partido depois na escalada rude das serras de mistério [...] era a Pátria bem ganha e, portanto, a Pátria a ser completada, defendida e carregada nos nossos mais íntimos sacrários[126].

Ou seja, na ótica passadista dessa "Pátria" (em franco contraste com a estética de ruptura de cânones proclamada pelo escritor), nada de indígenas nem de negros como protagonistas do povoamento nacional, mas sim "um punhado de brancos". Aqui, o modernismo estilístico de Oswald parece sucumbir à retórica e ao nacionalismo positivista de Olavo Bilac, a quem igualmente admirava. É, aliás, oportuno registrar que o modernismo literário foi coetâneo do espírito de modernização do exército nacional instilado pela chegada da Missão Militar Francesa em 1920.

---

126. Cf. CASTRO, R. Patriotices de Oswald. *Folha de S. Paulo*, 06/06/2021; grifo nosso.

A pintura *A negra* (1923), de Tarsila do Amaral – fundadora, ao lado de Oswald, do *Movimento Antropófago* (cujo *Manifesto* não faz referência a negros) e expoente do modernismo nas artes plásticas –, realça com traços fortes a imagem de uma afrodescendente, mas já desde o título remete o contemplador à generalidade de uma classificação racial que abrange África e Brasil, aparentemente "moderna" em termos técnicos, mas culturalmente análoga às representações etnológicas de figuras coloniais por pintores europeus do passado. Tarsila, aliás, jamais ocultou o motivo de sua inspiração: uma escrava que vira na infância, em sua fazenda familiar. Supondo-se que estivesse retratando a proprietária da fazenda ou uma dama da sociedade paulistana, dificilmente o título do quadro seria algo como *A branca*.

Na televisão e no cinema, a narratividade de incorporação de "povos" exterritoriais sempre foi fraca por parte de produtores, roteiristas e cineastas, com raras exceções. De fato, a narratividade é uma propedêutica à ética social imediata, que se define como moralidade cotidiana, costumes, comportamento. Nela se constrói a visibilidade, imprescindível à participação dos exterritoriais nos mecanismos de representação pública, mas negada na prática "logotécnica" dos discursos sociais. Na publicidade, por exemplo, essa negação pode ser aferida pela declaração extrema de um profissional responsável por campanhas de sucesso nos anos de 1970 e 1980: "Pessoalmente, eu não colocaria um preto em comerciais meus, porque seria uma desvalorização do produto anunciado" (Enio Mainardi, publicitário e escritor, falecido em 2020).

Esse tipo de discurso explicitamente discriminatório tem-se tornado velado a partir da década de 90 do século passado, na medida em que ações afirmativas instauradas pelo Estado e sacramentadas pelo Supremo Tribunal Federal ganharam progressivamente o espaço nacional. Tudo isso em meio à ignorância cognitiva quanto à posição civilizatória que os africanos e seus descendentes sustentaram na história do Brasil, o que equivale na prática a uma matriz de insensibilidade social para com os problemas de uma cidadania de segunda classe. Conotados como destituídos da possibilidade de uma *Polis* diversa – isto é, de uma outra civilidade –, os afro-brasileiros continuam a conviver sob a forma social escravista, com a encenação da "racial democracia", em que se desenvolve a especificidade do racismo nacional.

Trata-se de um fenômeno que se desenvolve em dois planos: no primeiro, em nível macro, está o racismo propriamente dito, que tem fontes históricas e se reproduz institucionalmente no interior da forma social escravista; no segundo, no nível micro das relações intersubjetivas, está a discriminação com suas múltiplas faces, sobre o qual incide a legislação antirracista brasileira (Lei 7.716, de 1989), reduzindo a amplitude do fenômeno à pequena escala da "injúria racial". Neste último plano, o fenômeno se torna mais visível pela passagem ao ato discriminatório, que é histórica e culturalmente *autorizado* pelos dispositivos da forma social escravista.

Uma lógica de lugar

De maneira geral e em termos individuais, a atuação discriminatória ou passagem ao ato racista tem a ver com algo que podemos chamar de metabolismo psíquico. Funciona como uma espécie de marcha-a-ré, que aciona o "motor" do pior em termos existenciais. Na América, isso encontra abrigo preferencial em grupos neofascistas, com nomes variados, mas pode ocorrer em situações de contato nas relações intersubjetivas. No Brasil, é frequente no funcionamento institucional, mas de modo disfarçado, com óbvia exceção para o comportamento abusivo de policiais nos subúrbios e nas favelas. A tônica do metabolismo é a denegação como um mecanismo todo especial do "duplo vínculo".

Embora a hegemonia (dominação consensual, no sentido gramsciano da expressão) seja uma via de mão dupla no "racismo de exclusão" (discriminatório, mas não segregacionista), até agora não se aplicou o conceito de *double bind* (*duplo vínculo*) ao racismo morfológico; isto é, à discriminação dirigida ao indivíduo particular. É um conceito especificamente comunicacional, cunhado por Bateson, o mais original dos pensadores norte-americanos da comunicação, que o concebe em sentido largo, para além do âmbito restritivo dos estudos de mídia [127]. No tocante

---

127. Cf. BATESON, G. *A note on the double bind – Don P. Jackson, Jay Haley M.D. and John Weakland* [EUA], 1962.

à realidade brasileira, parece-nos adequado ao problema da rejeição ao *outro* identificado como *outra raça*, levando principalmente em conta circunstâncias históricas e aspectos práticos específicos do racismo nacional.

A proposta conceitual de Bateson pertence inicialmente à psicologia, no quadro (esquizofrênico) das relações intersubjetivas contraditórias, em que rejeição e acolhimento estão simultaneamente expressados. Assim, uma mãe demanda ao filho um beijo, mas ao mesmo tempo o seu corpo expressa a silenciosa mensagem de um "não me toque". Ou então, o marido agride fisicamente a esposa, mas logo se desculpa com alegações de muito amor. São recorrentes os exemplos, que não comportam necessariamente uma relação traumática. Na maioria dos casos, entretanto, há corpos em confronto.

O que tem isso a ver com racismo no Brasil?

Para começar, é preciso reiterar o que se quer dizer com racismo. Reitere-se, assim, a evidência histórica de que nem sempre existiu o racismo[128]. Até o século XVI havia comunidades ou povos caracterizados por costumes e aparências distintas, mas não "gente de cor" enquanto designação universalista inerente aos posteriores sistemas classificatórios, elaborados pelos teóricos europeus que moldaram os contornos da biopolítica colonialista.

Por meio da disciplina "história natural", os sábios da época (Georges Buffon, Charles Lineu, Ernest Renan,

---

128. Cf. SODRÉ, M. *Pensar Nagô*. Vozes, 2017.

Hyppolite Taine e Arthur de Gobineau) construíram os esquemas que sustentam o racismo vulgar e naturalizam as hierarquias existenciais. A fonte doutrinária dessa formação ideológica é a monopolização do "espírito" – portanto, a teologia cristã –, que buscava cavar uma distância entre os europeus como focos da espiritualização e os judeus/mouros como "raças infectas". O antissemitismo cristão – que pretexta a diferença religiosa, mas visa realmente a raça – é a matriz do racismo.

No centro disso tudo, opera uma hermenêutica do corpo – sem o corpo, o racismo é inconcebível. Esta é, aliás, a posição do americano Murungi: "O racismo apoia-se numa versão da percepção e da interpretação do corpo humano. Ele equipara a interpretação do corpo àquilo que o corpo é"[129]. Ou seja, confunde-se o corpo real com o espelhamento conceitual, guiado pelo paradigma da brancura. Dessa interpretação – narcisista e reduplicativa da própria imagem no espelho – advém emocionalmente a aversão à diferença cromática.

Ideologicamente convertida em paradigma biopolítico, a brancura foi administrada segundo as conveniências de cada potência colonial, disseminando-se nas escolas e no espírito das elites colonizadas. Assim, na incontestável igualdade material do corpo humano, o racismo infiltra-se sob forma de um valor eurocêntrico

---

129. MURUNGI, J. *African philosophical currents*. Routledge, 2018, p. 9.

e pleno, supostamente universal, que cria a falsa universalidade do inumano pleno, o diverso. Pelo paradigma da brancura, ser branco tornou-se modernamente uma injunção moral, e a segregação racial instituiu-se como fato civilizatório.

A realidade é que não existe raça enquanto radical diferença do genótipo humano. Isso comprova a biologia, a menos que se queira falar em raça humana, a única, além do animal. Em certos setores, no embate político pela hegemonia das representações, existe a tentação militante (o "colorismo" como ideologia) de afirmar algo como "raça negra", com o argumento atenuante de que o conceito de raça seria polissêmico.

Na verdade, não: a palavra "raça" é polissêmica, nunca o seu conceito, que permanece retrógrado, supremacista. Vestir uma luva pelo avesso não muda a natureza da luva. Como determinadas palavras continuam carregando o cadáver insepulto do conceito odioso que as animou no passado, a forma linguística "raça" é provavelmente algo de que a consciência lúcida deva desembaraçar-se. O que existe mesmo é a "relação racial", quer dizer, a relação social atravessada pelo imaginário de raça, ancorado em diferenças de gradação de cor da pele. Em outro contexto, Paul Valéry já o havia pressentido: "Nada mais profundo do que a pele". É que a consciência racista confunde pele com essência humana.

Hoje, a dominação abertamente "racial" – logo, o racismo em seus termos clássicos, como estratégia de poder – tem esmaecido no interior de um complexo maior e mais moderno de dispositivos disciplinares, a que se deu o nome de *biopoder*. O atual sistema de dominação não mais se apoia no conceito biológico de raça, e a mentalidade progressista está ciente de que a cor da pele não *essencializa* diferenças humanas.

No império das tecnologias do *self* incrementadas pelo mercado e pela mídia, o argumento explicitamente racista não leva a lugar nenhum, exceto aos redutos anacrônicos da tara social – grupos supremacistas, odiadores na rede eletrônica etc. Em contrapartida, a própria velha mídia racista passa a abrir algumas portas para aquele "outro", que no passado pretendeu assimilar ao paradigma da brancura. Diz Baudrillard:

> Considerando-se o grau mínimo de desejo, de vontade e de destino que atingimos hoje, não pedimos mais ao Outro que seja como nós. Pedimos-lhe apenas que seja Outro, que tenha um vislumbre mínimo de alteridade, que tente ser – pelo menos para mim – um objeto de desejo (e no caso do cinema ou da fotografia, um objeto técnico de desejo)[130].

Mas isso não suprime o racismo, que persiste difratado na atenuação linguística da palavra "preconceito" e nos novos modos de subjetivação, característicos dos

---

130. BAUDRILLARD, J. *L'Autre*. The Phaidon, 1999, s.p.

jogos de concorrência da sociedade neoliberal. Em consequência, categorias morfológicas ou *morfofenotípicas* como "homem negro" ou "homem branco" permanecem como marcações operativas de hegemonia dentro de um paradigma étnico em que a cor clara, traço por excelência da diferença, conota primazia existencial.

Esse jogo hegemônico parece ainda mais evidente num contexto de memória escravista, como é o caso do Brasil. O racismo brasileiro ou a "racial-democracia" nacional tem a sua especificidade: Aboliu-se política e juridicamente o sistema de subordinação direta do corpo sequestrado, mas permanece a forma correspondente: a forma social escravista.

Não mais a grosseria escravista da velha sentença de "pão, pano e pau", proferida pelo padre Antonil a propósito dos negros. Ou seja, foi-se a segregação explícita, porém ficou o horror ao outro, conotado como "raça". Conhecem-se as variadas formas dessa aversão à diferença, definida como inimiga, em geral pelas guerras. Mas no interior de uma forma social escravista, o horror não tem a face do inimigo e sim daqueles mais próximos, cromaticamente demarcados e existencialmente colocados em posições subalternas.

Às vezes, trata-se de uma emoção subterrânea, encoberta pelo verniz progressista do "preconceito social". Quer dizer, mascara-se com o argumento intelectualista da *posição de classe* a profundidade da rejeição ao outro por meio de um efeito superficial e colateral da *situação de classe*: Pretende-se demonstrar que, se fosse igual ou comum a situação, não haveria o preconceito. Só que a relação de classe não esgota a relação racial, nela não toca sequer, uma vez que esta última se constituiu ao longo de séculos como *uma forma de ignorância cognitiva* ao mesmo tempo racionalista e afetiva, que oscila entre a hipocrisia e a insensibilidade.

Por isso, na superfície em que surfa a miopia social, criou-se o hábito de pensar na escravidão ora como uma mácula humanitária, ora como uma instituição retrógrada na história do progresso. Seria algo a se varrer para baixo do tapete, a se negar como problema de primeiro plano na trama das questões sociais constitutivas da nação.

Vale, entretanto, apresentar uma opinião de outro matiz, a de Alberto Torres, um dos grandes explicadores do Brasil entre o final do século XIX e o início do XX. Conservador em termos sociais (refratário à urbanização e à industrialização), propugnador de uma república autoritária, Torres revela-se interessante em termos metodológicos e teóricos. Diz em seu livro seminal que "a escravidão foi uma das poucas coisas com visos de organização que este país jamais possuiu [...]. Social e economicamente, a escravidão deu-nos, por longos anos, todo o esforço e toda a ordem que então possuíamos e fundou toda a produção material que ainda temos"[131].

---

131. TORRES, A. *O problema nacional brasileiro*, 2002, p. [Disponível em www.ebooksBrasil.org].

Autoritário e conservador, Torres gerou epígonos como Oliveira Vianna, esse mesmo que chegou a justificar em sua obra o extermínio do "íncola inútil"; isto é, do habitante das regiões empobrecidas do país. Torres era, entretanto, um reacionário diferente: discordava das teses sobre a inferioridade racial do brasileiro, não era racista. Seu pronunciamento sobre a escravidão é algo a ser ponderado, principalmente quando cotejado com o dito de Joaquim Nabuco: "A escravidão permanecerá por muito tempo como a característica nacional do Brasil [...] ela envolveu-me como uma carícia muda toda a minha infância"[132].

É célebre essa passagem de Nabuco sobre a memória afetiva da escravidão – a saudade do escravo. Ela é a superfície psicológica do fato histórico-econômico de que as bases da organização nacional foram dadas pelo escravismo.

Que *apreensão* os brasileiros fazem desse fato quase um século e meio depois da Abolição?

A palavra "apreensão" não diz respeito a concepções intelectuais, e sim à incorporação emocional ou afetiva do fenômeno em questão. No interior de uma forma social determinada, apreende-se por consciência e por hábito o seu *ethos*; isto é, a sua atmosfera sensível que estatui, desde a infância, o que aceitar e o que rejeitar. É possível aceitar formalmente ou intelectualmente em público o que se re-

---

132. NABUCO, J. Massangana. *Minha* formação. Biblioteca Nacional [PDF].

jeita na vida privada. Quando a discriminação racial tem baixa intensidade emocional – como pode ocorrer em determinados contextos progressistas – a entonação racista soa como "feia", é silenciada. Em outros contextos, a depender do apoio comunitário – ou do apoio de uma "bolha perceptiva", como em redes sociais – a extroversão é clara.

De modo geral, o racismo brasileiro é ao mesmo tempo aceitação e rejeição, daí a pertinência do conceito comunicacional do duplo vínculo (*double bind*). A *vinculação* é uma categoria muito pertinente, distinta do *social* (*socius*), que é uma noção histórica, moderna, desenvolvida no âmbito de relações jurídicas entre sujeitos. O social é diverso do que está implicado em noções como *ritual* ou *comunitário*, em que predomina uma vincularidade intersubjetiva, geralmente posta à margem da análise sociológica.

O termo *vinculação* pode ser lido como uma redescrição comunicacional do fenômeno compreensivo. Pelo vínculo, portanto, ou pelo entrelaçamento simbólico constitutivo do ser social é que surgem as instituições capazes de funcionar como operadores da identidade humana. São vinculativos os discursos, as ficções e os mitos de fundação da comunidade histórica que presidem às identificações com o Estado-nação, com os valores (comunidade, família, trabalho etc.) e com o *ethos* ou atmosfera emocional coletiva.

Ora, o liberalismo que levou segmentos da elite monarquista a reivindicar a abolição da escravatura não estava comprometido com a realidade social e humana da maioria populacional constituída pelos africanos e seus descendentes, e sim com a adequação das ideias nacionais ao ideário culto da Europa, de onde proviriam o progresso ou a boa materialidade econômica. Nada os vinculava existencialmente ao homem concreto, à diversidade humana – os afrodescendentes, os indígenas, os sertanejos, as populações ribeirinhas etc. –, que seria socialmente discriminada e excluída, mas formalmente realocada num padrão culto de inspiração europeia.

A Abolição incidiu sobre a relação, e não sobre o vínculo. Para as elites dirigentes, era preciso ter um perfil identitário com alguma valorização frente à Europa e, ao mesmo tempo, manter nos lugares dominados os índios e os negros. Sobre estes últimos, existencialmente muito próximos, recaiu a barreira do racismo.

A persistência da forma social escravista consiste principalmente na reinterpretação social e afetiva da "saudade do escravo", que envolve: (a) seleção de mão de obra (b); relações com empregadas domésticas e babás (sucedâneas das amas de leite); (b) formas culturais subestimadas como mero folclore, senão como objeto de ciência (para sociólogos e antropólogos); (c) imagens pasteurizadas da cidadania negra na mídia.

Trata-se de uma saudade desrespeitosa. A palavra "respeito" (do latim *respectus*, passado de *respicio*, que significa olhar novamente, contemplar) pertence ao campo semântico da aproximação ao outro, por meio de deferência e apreço. No verso de Virgílio, por exemplo, "*Libertas quae sera tamen / respexit inertem*" ("A liberdade, ainda que tardia, contemplou o morto"), o verbo implica apreço pelo sujeito-objeto contemplado.

O mesmo não se pode dizer de uma saudade que olha o outro como um objeto em falta utilitária na trama das relações sociais. Essa falta pode ser tão intensa que levou proprietários de escravos nas Antilhas a se suicidarem quando a servidão foi abolida. Respeito não será, porém, um sopro de voz: é a abertura de um corpo para a aceitação de outro como parceiro pleno na condição humana.

Diferentemente da discriminação deliberada do Outro ou do puro e simples racismo, a saudade do escravo no Brasil é algo que se inscreve na forma social predominante como um padrão subconsciente, sem justificativas racionais ou doutrinárias, mas como o sentimento – decorrente do arcaísmo predominante – de que os lugares de *socius* já foram ancestralmente distribuídos.

Cada macaco em seu galho: eu aqui, o outro ali.

A cor clara é, desde o nascimento, uma vantagem patrimonial que, na ótica dos beneficiários, não deve ser deslocada. Para o senso comum predominante, por que mexer com o que se eterniza como natureza? É imperativo que as posições adrede fixadas não se subvertam. E isso é paradoxalmente favorecido tanto pela ideologia da mestiçagem como aprimoramento racial quanto pela ambiguidade da forma social escravista pós-abolicionista.

A forma social aponta para uma sociedade caracterizada pela facilitação de relações de casamento, de compadrio e de amizade entre claros e escuros. A ideologia, manifestada em livros e em porta-vozes desse monopólio oficial de ideias conhecido como "cultura brasileira", proclama que não há, portanto, a relação racial discriminatória, uma vez que teoricamente não existiria "cláusula de barreira" étnica, a radical dicotomia branco/negro.

Assim, o racismo daqui melhor se define como um *sentimento de existência* de um grupo isolado ou fechado em si mesmo, como algo aquém de qualquer expressão conceitual ou de articulação lógica, ou seja, como a resultante automática de reações emocionais enraizadas. Não se trata realmente de opiniões intelectualistas e abertas como no racismo doutrinário do passado eugenista. Ao contrário, é um racismo que não ousa confessar o seu nome.

Por isso mesmo, é renitente. Abrigado em um *sensório* global, uma espécie de síntese emocional que informa os esquemas existenciais, ordenadores da experiência comum, o *nacional-racismo*, no nível do guarda de esquina ou de segurança de supermercado, é pura violência latente, necropolítica à espera de ocasião.

Desta maneira, com ou sem mestiçagem, à sombra transnacional do racismo como um mal-estar civilizatório, acontece o revelador fenômeno comunicacional do duplo vínculo. Ele pode ser assim formulado: "Eu amo/ gosto/aceito o sujeito da pele escura, mas ao mesmo tempo amo/gosto/aceito que permaneça afastado". Não seria difícil traduzir topologicamente esta fórmula da moral insincera. O racismo brasileiro é mais uma lógica de lugar do que de sentido. É dela que de fato têm hoje saudade os que acham um escândalo liberal proteger as vítimas históricas da dominação racial.

POSFÁCIO

A discussão aqui oferecida é tão só um empenho especulativo, sem vocação para a defesa de qualquer tese disciplinar – na verdade, o registro escrito e ampliado de seminários dispensados a coletivos da luta antirracista. Por isso, mantemos o fluxo expositivo das palestras, evitando a repetição fastidiosa de citações, exceto em situações referenciais que nos pareçam imprescindíveis. Na dúvida, o eventual leitor de hoje poderá muito bem recorrer ao *Google* ou àquilo que o valha. Nossa maior atenção dirige-se a ideias, poemas, histórias, notícias, vestígios, afetos e fatos – materiais que, rapsodicamente, façam pensar e levem à verdade afetiva ou à compreensão. Nosso horizonte teórico: "Um conceito que não se articula com uma verdade afetiva não vale nada".

A formulação de Espinosa flutua como baliza em mar de incerteza quando se busca terra firme para escapar ao sintoma renitente de naufrágio civilizatório chamado "racismo". A incerteza sinaliza inicialmente para o fato de que a vasta argumentação antirracista costuma oscilar entre as metaexplicações socioeconômicas e os impasses inerentes ao republicanismo ocidental, como se observam, por exemplo, nos países europeus marcados por um passado de exploração colonial. O conceito de desigualdade socioeconômica tenta responder pelo aumento do preconceito étnico-racial, enquanto este último daria conta do aumento de poder das elites dirigentes.

"Prova de conceito" é prática corrente na aplicação do conhecimento científico. Na filosofia academicamente instituída, o conceito costuma ser uma representação intelectual ou abstrata da essência do objeto, em oposição à percepção imediata ou sensível, portanto, uma representação racional e estável para as ideias. Mas no pensamento filosófico entendido como atividade de elucidação de problemas de cognição e de discurso, essa oposição entre a ciência e sentido comum ou entre o racional e o sensível deve ser flexibilizada ou superada diante da singularidade de determinados objetos. É quando "o bom conceito é póstumo", como diz o músico e compositor brasileiro Rodrigo Amarante.

Na realidade, a problematização dessa oposição, por mais que seja reivindicada por posicionamentos ditos "neoepistemológicos" no interior dos estudos pós-coloniais, não é coisa muito nova. Ela transparece desde fins do século XIX nos embates metodológicos de Dilthey, assim como no pensamento analítico de Wittgenstein e, mesmo, na sociologia que se quer "compreensiva" (Simmel) frente à rigidez cientificista do positivismo.

Na maioria das vezes, essas discussões acadêmicas *intra muros* permanecem muito longe de qualquer aporte que as ciências sociais possam trazer a questões multisseculares e aflitivas persistentes na sociedade contemporânea, como é o caso do racismo. Neste assunto, a intransigência conceitual – uma raiz subterrânea da suspeita de decadência do pensamento crítico – é claramente infrutífera.

Com ela, o que parecia sólido hoje se desmancha mesmo no ar. Depois de décadas de esforços acadêmicos, fica difícil abandonar a impressão de que a dita "terra firme" conceitual das epistemes hegemônicas, se não a ilha de um náufrago, pode ser aquela outra, voadora, chamada *Laputa*, que Gulliver descobre em suas viagens. Um nome que significa isto mesmo quando se separa a primeira sílaba do resto, pois é como Jonathan Swift chama a Razão (possivelmente, na trilha de Lutero: "*der Vernunft, diese Hure*", "a razão, essa puta") para ironizar os sábios da ilha, que "voavam" na aplicação de seus vastos conhecimentos científicos.

Queremos crer que seja dessa ordem o obstáculo compreensivo do racismo, um mal à beira do inominável, racionalizado ao extremo por palavras e teorias, porém resiliente na prática dos relacionamentos humanos. Um poema de Borges alerta para "o assombro [...] de que apesar de sermos as gotas do rio de Heráclito, perdure em nós alguma coisa: imóvel, alguma coisa que não encontrou o que procurava" (*Fim de ano*). Racismo é uma forma de imobilidade do pior. Não porque seja algo "natural" no espírito humano, mas uma constante na consciência forjada pelos sistemas coloniais.

Apesar do esclarecimento científico e do avanço tecnológico, esse "inconcebível" ou essa impostura cognitiva – perversamente oculta entre o plano da racionalidade e o da sensibilidade e, por isso, resistente à prova científica da falsificação – persiste como um universal infame sob a plena vigência de uma modernidade liberal do mercado e da mídia, aparentemente indiferentes à qualidade de seus conteúdos.

Aparentemente, porque começam a aflorar mudanças no campo do que alguns chamam de "capitalismo consciente"; ou seja, indicações de que os grandes gestores das finanças mundiais, na trilha da responsabilidade social corporativa do início do século, possam estar orientando uma mudança do capital na direção dos "ativos sustentáveis". Entendam-se por isso as organizações industriais comprometidas com as condições sociais, políticas e ambientais, numa tendência internacionalmente conhecida como ESG ou ASG. Isso implica dar maior peso aos *stakeholders* (a totalidade comunitária que garante o funcionamento da empresa) do que aos *shareholders* ou acionistas, voltados apenas para o lucro. Assim, ao lado da redução drástica das emissões de carbono na atmosfera estaria a contratação de pessoas sem barreiras de cor.

Já algum tempo, mais de um autor assinala a inadequação da discriminação racial à sociedade tecnológica e mercadológica. O americano Paul Gilroy, por exemplo, sustenta que

> aspectos de "raça", como esta tem sido entendida no passado, já estão conjurados pelas novas tecnologias do *self* e da espécie humana [...]. As velhas e modernas economias representacionais, que reproduziram a "raça" subdérmica e epidermicamente, estão sendo hoje transformadas de um lado pelas mudanças científicas e tecnológicas que se seguiram à revolução na biologia molecular, e de outro por uma transformação igualmente profunda nos modos como os corpos são postos em imagem. Ambos têm extensivas implicações ontológicas.

Outro ângulo para essas implicações pode ser encontrado no recente hábito de consumo de informações pessoais sobre ancestralidade genética. A propósito, o conhecido *scholar* Gates Jr. afirma que o negro americano, em média, é 24% europeu e menos de 1% nativo. A uma objeção sobre como seria possível medir, visto que raça é consensualmente uma construção social, responde que as mutações genéticas (registro biológico de ancestralidade) não resultam de uma construção dessa ordem[133]. Pelo viés da ancestralidade genética, portanto, o ser humano é absolutamente diverso: branco é negro.

---

133. Cf. GATES JR, L.; CURRAN, A. *The New York Times*, 03/03/2022.

Essa abordagem científica é importante, mas a argumentação político-social é controversa. Primeiro ela desloca a questão do racismo do plano político-colonial para o da técnica supostamente neutra, esquecendo que a nova lógica da acumulação capitalista orienta de fato a organização tecnológica, tornando-a indiferente à vida humana concreta, logo, às consequências históricas da biopolítica colonialista. A preocupação do capitalismo financeiro com preconceitos de cor, gênero e religião não nasce de nenhum espontaneísmo ético intrínseco às organizações empresariais, mas da busca de adaptação do universo corporativo a novas variáveis na determinação de riscos para investimentos, empregos e consumo. A exibição de transparência sobre riscos nos balanços das companhias abertas é uma exigência do capital.

Ao mesmo tempo, no plano da reorganização da produção, tem-se observado que as mudanças científicas e tecnológicas refletidas no leque cada vez maior das atividades digitais geram um universo de subemprego caracterizado pela desqualificação progressiva do trabalho humano. Luta-se pela possibilidade de trabalhar, o que abre a porta para formas novas de escravização e até mesmo do deslocamento da impostura biológica da raça. Um efeito colateral da desqualificação do trabalho é a sua "racialização" ou sua reserva aos estratos mais empobrecidos da vida social. É o que se evidencia na simples observação dos entregadores das plataformas digitais de serviços, em que a "economia" representacional apenas diversifica o escopo da discriminação.

Ademais, "implicação ontológica" é uma coisa em pensamento e outra na vida social. Raça perdeu força conceitual, porém a relação racial continua, porque "o racismo não precisa de raça para se manifestar", como bem observou Tzvetan Todorov. Passou da biologia às formas de vida; portanto, ao que Octavio Paz chamava de *outridade*: em outras palavras, deslocou-se do confronto civilizatório com o *Outro*, como forma radical de alteridade, para o pequeno *outro*, político, estético, que demanda um modo novo de adaptar-se, para fazer perdurar a exploração do capital. No limite, esse "outro" pode ser simplesmente a diferença sexual: o *apartheid* das mulheres nas ditaduras islâmicas e petrolíferas do Oriente Médio é um racismo de gênero.

Categoria anacrônica e obscura, embora investida de um poder de aplicação capaz de subsistir ao próprio esvaziamento da noção original, *raça é sempre o outro*. Ou seja, é a *persona* coletiva de uma identidade pretensamente fechada em seu determinismo étnico e imune à diferença. Pode ressurgir ou manifestar-se em ocasiões inesperadas como nos corredores de fuga da população ucraniana por motivo da agressão militar russa em 2022: nas filas de embarque ou até mesmo no interior dos transportes coletivos, negros e asiáticos eram intimados pelas tropas ucranianas a cederem seus lugares aos nacionais de cabelos louros e olhos azuis.

O que aqui nos mobiliza é a aplicação particular dessa categoria à realidade social brasileira, na qual a relação racial subsiste com intensidade forte, ainda que se negue racionalmente qualquer ideia de supremacia branca, ou que até mesmo se negue a existência de racismo, a exemplo dos negacionistas na época da discussão pública sobre a questão das cotas raciais. A identidade nacional – que as elites intelectuais perseguem como um enigma desde a transição do passado imperial-escravista para a modernização republicana – modula-se em impasses e ambiguidades quando se trata da persistência do sentimento senhorial, na prática uma forma de vida "retrópica" (uma espécie de retroutopia fidalga, que contorna a ideia de igualdade cidadã), assentada em modalidades claras de hierarquização racista.

Não nos parece acertado categorizar a abolição da escravatura, início consolidado do capitalismo brasileiro, como "farsa". Sob o ângulo da luta social, não se tratou de mero encobrimento, mas da resultante de um longo processo movimentado pela historicidade conflitiva de classes sociais, em que teve parte ativa a massa escravizada. No calor do evento, a Abolição foi comemorada pelo povo negro.

Intrigante, entretanto, é o "jogo" social do processo em que, tendo acabado política e juridicamente a sociedade escravista no momento icônico da Lei Áurea (1888), ali mesmo teve início uma unidade de aglutinação de elementos do mundo sensível com o sentido de preservar a discriminação em outros termos, certamente mais convenientes à formação de um excedente estrutural de mão de obra e ao rebaixamento do valor da força de trabalho. A essa unidade ou a esse conjunto complexo de vetores daremos o nome de *forma social escravista*. Nela nos escoramos para analisar a sistematicidade do racismo brasileiro.

O sociólogo Gabriel Tarde já tinha observado que "cada civilização faz a sua raça" (ao invés de "a raça faz a civilização"). A forma brasileira é diferente do racismo *estrutural* americano, uma *leucocracia*, que traça uma linha divisória entre claros e escuros a partir da *one drop rule*; isto é, a regra de que basta uma gota de sangue imaginariamente "negro" para fazer emergir a separação, qualquer que seja a gradação cromática da pele. De fato, um grupo humano dominante pode essencializar a sua claridade epidérmica. Na colonização hispânica das Américas, a ficção do "branco espanhol" distinguia-se de outros fenótipos claros. Da mesma maneira, italianos, irlandeses e judeus que constituíam a massa dos imigrantes nos Estados Unidos não eram considerados como brancos plenos.

A ficção do *homo americanus* alimenta-se da suposição de uma brancura metafísica, que também se pode chamar de "branquitude". Não apenas a pigmentação, mas também a hipostasia de um mito de origem que remete à fundação do país por colonos europeus com visão centrada no "Oeste", em todos os sentidos do termo – império global do Ocidente, desbravamento colonial de fronteiras internas e brancura da pele como Oeste absoluto. A filmografia do faroeste americano – aliás, bastante apreciada pelo filósofo Ludwig Wittgenstein – faz parte desse mito de origem capaz ainda hoje de influenciar crenças e condutas no real-histórico americano.

No Brasil, a "verdade afetiva" (espinosiana) para a conceitualização racialista deve ser pesquisada no mundo sensível – em outras palavras, na "realidade" da vida comum, que se observa na rua, na escola e no mundo do trabalho – de onde provêm os elementos constitutivos da forma social já referida. Aqui se construiu uma armação original para *tergiversar*, por meio de uma razão ambígua, sobre a inserção dos "escuros" na cidadania "clara". A depender do *ponto de vida* ocupado pelo indivíduo numa escala cromática idealizada, o ponto de vista racial pode alargar-se para afetiva e imaginariamente lhe "branquear" a cor da pele.

Na dialética do espaço social brasileiro, a brancura é negociável.

Nossa abordagem do fenômeno racial contempla o "pensar nagô", um ensaio de reencontro nativo com a questão socrático-platônica (*pos bioteon*, "como devemos viver"?) sobre as bases da sociabilidade, que convoca instâncias éticas, políticas, históricas, ontológicas e cosmológicas – um vaivém fluido entre o sensível e a razão. Parece causar aversão teórica à sociologia positivista ou à mentalidade estritamente disciplinar das ciências sociais o simples apelo a caminhos de pensamento – academicamente tachados de "pré-hispânicos", outro modo de dizer "pré-europeus" – que são inerentes a povos tradicionais, como indígenas, africanos e asiáticos.

É habitual encontrar na crítica sociológica convencional (principalmente escrita em espanhol) ao emergente pensamento *descolonial* a afirmação de que "não somos indígenas" e que, por isso, o *universal* seria o ponto de partida para toda enunciação crítica. O contrário seria o retorno não científico a epistemes regionais ou particulares, com viés retórico ou populista. Entretanto, o que se observa na movimentação concreta dos povos é que uma declaração afirmativa dessa natureza (ser indígena, ser quilombola, ser afro etc.) é altamente significativa para a avaliação do grau de consciência histórica vigente na luta social.

É o que comprova, por exemplo, o fato de que no ano de 2021 tenha sido eleita uma mulher indígena (mapuche) para a presidência da Convenção Constitucional encarregada da elaboração de uma nova Constituição chilena. É certo que, um ano depois, esse novo texto foi barrado num plebiscito, mas aqui é relevante o fato de que a questão étnica, que pareceria secundária diante do primado científico do "universal", foi avaliada como "crucial" nos trâmites sociopolíticos em torno de uma Carta Magna destinada a reescrever as linhas da violência ditatorial de um passado ainda próximo.

Por isso, aquele "não ser indígena" pode ser o lugar de uma enunciação colonialmente montada sobre o sufocamento, senão o extermínio, de povos que originariamente ocupavam o território ou que aí chegaram como vítimas da diáspora escrava. A enunciação denuncia o lugar marcado do enunciador. Assim, o "universalismo" do pensamento social em determinados países, ainda que sob a bandeira da esquerda política, padece de miopia frente ao entorno imediato ou perde de vista a centralidade variável das lutas sociais. Edgar Morin já se havia indagado: "Como é possível que sociólogos só vejam a invariância (temporária) das reproduções e não as variações e mudanças desses "invariantes"?

Essas variações perpassam o tempo inteiro as zonas de incerteza sociais. Quando uma disciplina do pensamento social desconhece o princípio da incerteza e agarra-se a um único sistema explicativo como fundamento de todas as suas certezas, surge de fato um problema. É que, apesar dele mesmo, esse pensamento pretensamente conceitual/científico – na prática, a formalização lógica de um sistema canônico – deixa transparecer uma militância imatura, que levanta a bandeira enganosa da certeza absoluta com o dístico de "rigor do pensamento", tradução enviesada para "rigor do método". Deste modo uma disciplina acadêmica pode fazer o jogo da velha dama sisuda, para a qual não existiria complexidade fenomênica, apenas certeza monocrática, metodologicamente esbatida contra o fundo de uma realidade em preto e branco.

Um ano antes de enlouquecer, Nietzsche já formulara genialmente que "o que distingue o século XIX não é a vitória da ciência, mas a vitória do método sobre a ciência". Não se leia aqui nenhum manifesto antimetodológico, mas sim a advertência contra a transformação do método como instrumento da pesquisa científica em algo que constitui a própria objetividade dos objetos. Em vez de densificar cientificamente o pensamento, a ossificação metodológica tende à elaboração de uma teologia do social.

In statu nascendi, as ciências sociais não eram prisioneiras dos métodos. O problema é que, ao se esvair a produção de ideias ou teorias sobre a realidade em transformação (razão histórica do vigor das ciências sociais), restam as derivações metodológicas e "aplicadas" desses saberes, a exemplo das pesquisas de opinião e de mercado que, junto com os dispositivos de mídia, concorrem para o controle social. A cientificidade torna-se algorítmica, alegadamente "neutra", mas assimilativa, por matemáticas oblíquas, de um passado embaraçoso e não superado. A inteligência artificial não é imune à estupidez humana.

Já existem alguns sinais de mudança. Em 2021, o Prêmio Nobel de Economia foi atribuído a três economistas que contornaram o estudo dos grandes tópicos macroeconômicos (p. ex., Produto Interno Bruto, mercado financeiro etc.) para investigarem aspectos (microeconômicos) da vida concreta das pessoas em seu relacionamento com os fatores importantes da economia. Deu-se a isso o nome de "experiências naturais", o que significa relativizar os modelos matemáticos e estatísticos na compreensão de variáveis econômicas. O "natural" é o que está fora do comum do método, mas dentro do comum da experiência. Ou seja, observar os comportamentos e ações humanas ao longo do tempo para avaliar o impacto real de determinadas políticas públicas nos campos da educação e dos salários. Em outras palavras, trata-se de privilegiar a observação do que se passa na vida real.

Mas quem procurar nos programas intelectuais para a renovação do pensamento social – isto é, nos protocolos teóricos de compromisso para com os grandes problemas sociais do mundo vivido – terá dificuldade em encontrar qualquer referência ao problema do racismo, supostamente "miúdo", mas de fato pertencente à mesma matriz nebulosa da forma social fascista. Essa dificuldade leva a não se entender por que o flanco do comportamento progressista se mostra tão aberto à penetração dos protofascismos emergentes na vida comum. Mas poderá talvez levar à percepção de que a premência de determinadas questões nacionais não vem do "alto" das especulações canônicas e sim do "baixo" convulsivo das lutas sociais. Neste plano, a rua é mais transformadora do que a epistemologia, se a entendermos como o *locus* perceptivo das diferenças entre as grandes questões do Estado (sobre as quais se debruça o *mainstream* do pensamento social) e aquelas, aparentemente menores, vivenciadas no cotidiano comum à diversidade humana.

Num país onde o racismo é uma grande e incerta questão nacional, o apelo a um modo específico de pensar, por exemplo, o "pensar nagô" está assentado em um viés particular – um perspectivismo, que inclui a sensibilidade e o espírito como categorias políticas. No tocante ao racismo, as teorias globais dos efeitos de estrutura deram em nada. Numa "epistemologia" regional que se debruce sobre conexões improváveis e sobre epistemes "soltas" ou "desligadas" – mas evidentemente cautelosa quanto ao obscurecimento da objetividade por retóricas voluntaristas – as correspondências e as analogias aparecem como potência de revelação.

Nagôs são aqueles mesmos que Heródoto (século V a.C.) visitou em Ile-Ifé (atual Nigéria) e se entusiasmou, depois de ter conhecido o Egito. Ao lado dos bantos, os nagôs civilizaram espaços brasileiros importantes e caracterizaram-se sempre pela "negociação simbólica"; isto é, pela dialogia do *trans* ou do vaivém através dos limiares do sentido. Isso equivale a uma filosofia de pontes para correspondências analógicas, que abrem caminho para novos termos nas disputas de sentido.

Não se trata de voluntarismo cognitivo, nem de bricolagem anticonceitual, nem de vital-populismo, e sim de um *encontro* na diversidade epistêmica, muito próximo da sugestão espinosiana de que a razão é, no limite, um meio de organizar bons encontros. É uma atitude afim até mesmo ao racionalismo crítico de Popper, para quem a razão "é fundamentalmente uma atitude que consiste em admitir que talvez eu esteja errado e talvez você tenha razão, mas se nos esforçássemos poderíamos aproximar-nos da verdade".

Em outras palavras, a verdade afirma-se como espaço comum de um diálogo universal; portanto, de um encontro em que cada um é convidado. Claro, não são necessariamente harmônicos os encontros, mas entre diferentes linhagens de pensamento, que variam do racionalismo acadêmico até a dimensão do sentir ou das "verdades afetivas", em que estratos de composição étnica diversa possam buscar condições de possibilidade de um conhecimento inclusivo. Gramsci é taxativo: "O erro do intelectual consiste em acreditar que se possa *saber* sem compreender e, especialmente, sem sentir e ser apaixonado [...] não se faz história-política sem paixão; isto é, sem estar sentimentalmente unido ao povo".

O próprio Karl Marx não foi alheio ao problema da relação entre poder e dimensão afetiva, o que se evidencia em sua observação (*18 de brumário de Luis Bonaparte*) quanto ao fato de que os camponeses franceses, abatidos e humilhados, deixaram de eleger um representante próprio em benefício de um "mestre protetor", Luis Napoleão. É o mesmo fenômeno do oprimido seduzido pelo opressor ou do escândalo da servidão voluntária. A questão deixa implícito o *campo emocional* – análogo ao que a sociofilosofia alemã de Dilthey e de Simmel chamou no século XIX de "mundo do Espírito" – decisivo para a compreensão dos relacionamentos intersubjetivos.

Fazemos o mesmo com os requisitos que a fenomenologia institui como condições da "compreensibilidade" de algo, tal como se vê no pensamento de Merleau-Ponty. Ou então como a própria epistemologia, quando admite que "no reino do pensamento, a imprudência é um método" (Bachelard em *L'Engagement Racionaliste*). De um modo geral, o empenho é de ir um pouco adiante daquilo que, ao falar da experiência, Edgar Morin define como "oscilação constante entre o lógico e o empírico", para se vislumbrar, na diversidade dos modos de pensar, uma via filosófica capaz de contornar a dicotomia entre a Lógica e o Espírito.

Essa é a mesma via do sensível, traduzida no verso de Fernando Pessoa "o que em mim sente, está pensando" (*Ceifeira*), mas também na historiografia cultural em que Johan Huizinga, analisando o declínio da Idade Média, lança mão de sonhos, impressões e representações sociais – modos de sentir e pensar – para caracterizar a atmosfera ou a "sensação histórica" de uma transformação epocal. De fato, enquanto a história monumental é movida por datas e versões de fatos, a historicidade (vivência concreta e ativa dos fatos) é apreendida nos vestígios temporais do cotidiano. No geral, trata-se de uma via que podemos resumir como *sinóptica*, senão como *rapsódica*, quando se entende rapsódia (do grego *raptein*, coser) como a "costura" sensível de fragmentos epistêmicos.

Assim se pode acompanhar a trilha de Wittgenstein, que não faz distinção entre as interpretações "lógicas" e as "ético-religiosas" do *místico*, entendido como aquilo que não se pode pôr inteiramente em palavras, ou como um *transcendental*, fonte de valores. Na visão do pensador austríaco, falar do "místico" é banalizá-lo, seria contribuir para o desprezo lógico da religião e da ética. Em ambos os casos, o que faz a interpretação é basicamente *mostrar* alguma coisa.

"Pensar nagô" é uma atitude filosófica e rapsódica de mobilização, além da razão antropocêntrica, dos princípios cosmológicos que regem liturgicamente as "cabeças" ou os modos de ser e pensar. Ao arrepio dos *pundits* acadêmicos, pode-se ponderar a distinção entre o domínio do *fato* e o domínio do *valor*, que é central no pensamento wittgensteiniano do *Tractatus*, e buscar na dimensão "mística" princípios de inteligibilidade aplicáveis a impasses históricos. O princípio cosmológico chamado "Oxossi", relativo à caça e à floresta, é principalmente aquele que responde pelo silêncio e pela atenção minuciosa aos elementos dispostos no mundo. É o princípio do cerco racional e afetivo, por todos os lados possíveis – portanto, sinóptico – a um objeto.

"Místico" é assim tomado como uma propriedade indefinível ou verbalmente inexprimível, tal como numa obra de arte, que não se pode identificar por palavras, mas certamente por participação e observação. Isso que esteve no centro de um pensamento sofisticado como o de Wittgenstein reencontra-se na perspectiva litúrgica em que um princípio divinizado percorre com o olhar um objeto para reintegrá-lo, como uma caça após a flechada certeira. Em termos epistemológicos, trata-se da instauração de uma compreensiva ecologia cognitiva, em que os diversos saberes, letrados ou iletrados, dão-se as mãos para conhecer racional e afetivamente.

O racismo ainda é um objeto a salvo de um perspectivismo dessa ordem, por estar confinado aos limites de uma racionalidade que o recorta segundo os parâmetros disciplinares do pensamento social e o submete à estreiteza canônica dos métodos estabelecidos. Nesses parâmetros, cada recorte específico produz um discurso em que se espelha disciplinarmente o conhecimento da realidade social: a história se produz nos arquivos da separação entre passado e presente, a sociologia escaneia com as lentes da reflexividade a superfície da interação social, a psicologia reivindica os espaços da interioridade, a antropologia investe o campo da alteridade, a filosofia atribui-se o domínio dos universais do pensamento, e os *cultural studies* reúnem tudo isso, como macrodisciplina, no âmbito de um departamento universitário.

Disciplinas são geralmente marcações territoriais ou paredes sem portas, que encerram burocraticamente os departamentos universitários e definem a expedição de diplomas. Isso não quer dizer que não produzam conhecimento e sim que a realidade de determinados objetos pode revelar-se perversamente resistente à separação dos saberes e às certezas operacionais dos discursos científicos.

Numa forma social, por outro lado, em vez da história monumental, o que conta é a *historicidade*, entendida como o vivido e o concreto de uma realidade social ou, em termos fenomenológicos, como a capacidade de afetar e ser afetado na experiência da *percepção*. No plano sociológico, a visibilidade dos fatos tomados como coisas é menos reveladora do que o invisível sentido nas interações subjetivas e encontráveis na auscultação direta da movimentação social, nos artigos e nas reportagens de jornais, nos textos literários ou poéticos.

Dá-se igualmente um passo além do empenho psicossociológico, porque a forma é *una*, fusional, sem distinção entre o interno e o externo. No campo antropológico, a questão da alteridade é suplantada pelo que se poderia chamar de "comunhões afetivas". E na filosofia, o tópico dos universais dá lugar à elucidação de singularidades.

O racismo é uma singularidade inquietante.

O apelo a uma ecologia cognitiva para a abordagem da questão implica um procedimento transcultural, mobilizador de uma prática hermenêutica que entendemos como abolição de fronteiras e como *atitude compreensiva*; isto é, racionalmente sensível frente à dispersão do fenômeno no espaço e no tempo das disciplinas. *Campo emocional*, *afeto* e *ponto de vida* são categorias de que lançamos mão para trazer à luz a forma social escravista.

Dessa ordem é a "racial democracia" brasileira, descontínua e qualitativamente diferente da discriminação na sociedade imperial-escravista, mas responsável pela dinâmica subjacente à exclusão social ou pelo sentido de senhorialidade anacrônica, baseada em aparências residuais do caos teórico da ideia de raça. Um fenômeno *fuzzy*, análogo ao fascismo, assim caracterizado por Umberto Eco – portanto, o *fascismo da cor*. A isso, opomos a ideia de *outramento* (existe no português de Fernando Pessoa/Bernardo Soares o verbo *outrar-se*), que significa, em vez da mera contemplação intelectual da diferença, a aceitação afetiva e existencial da copresença da alteridade.

M.S.

REFERÊNCIAS

ACIOLI, V.L.C. A identidade da beleza – *Dicionário de artistas e artífices dos séculos XVI ao XIX em Pernambuco*. Massangana/Fundação Joaquim Nabuco, 2010.

ALMEIDA, S. *Racismo estrutural*. Col. Feminismos Plurais. Sueli Carneiro/Pólen, 2019.

ANDRADE, M. O Aleijadinho. *Aspectos das artes plásticas no Brasil*. Martins, 1965.

ANDRADE, M. *Música, doce música*. Martins, 1976.

ARAÚJO, E. (org.). *A mão afro-brasileira: significado da contribuição artística e histórica*. Tenenge, 1988.

ASSIS, M. Pai contra mãe. *Relíquias da casa velha* [s.n.t.].

ASSIS, M. *Americanas* (1875). Vol. III de Obras Completas. Nova Aguilar, 2008.

BADIOU, A. *L'aventure de la philosophie française – Depuis les années 1960*. La Fabrique, 2012.

BARALLOBRE, G.M. *Pascal – O homem é uma cana que pensa*. Salvat, 2017.

BARTHES, R. L'Arme du crime. *Tel Quel*, 28.

BASTIDE, R. *Estudos afro-brasileiros.* Perspectiva, 1973.

BATTESON, G. *A note on the double bind – Don P. Jackson, Jay Haley M.D. and John Weakland* [EUA], 1962.

BAUDRILLARD, J. *L'Autre.* The Phaidon, 1999.

BAUDRILLARD, J. *Carnaval et cannibale ou le jeu de l'antagonisme mondial.* De l'Herne, 2004.

BENTO, C. *O pacto da branquitude.* Companhia das Letras, 2022.

CASTORIADIS, C. *La Société bureaucratique*, 1, 10/18, 1972.

CHALHOUB, S. *A força da escravidão* – Ilegalidade e costume no Brasil oitocentista. Companhia das Letras, 2012.

CHATELET, F. *Histoire des ideologies – Savoir et pouvoir du XVIIIe. au XXe. siècle.* Hachette, 1978.

CLAUDEL, P. Art poétique. *Oeuvre poétique.* Gallimard, 1957.

COCCIA, E. *A vida sensível.* Cultura e Barbárie, 2010.

DANTAS, R.S. *África difícil.* Leitura, 1965.

DARDOT, P.; LAVAL, C. *A nova razão do mundo – Ensaio sobre a sociedade neoliberal.* Boitempo, 2016.

DEL PRIORE, M. *História do amor no Brasil.* Contexto, 2005.

DIDEROT, D. Supplément au voyage de Bougainville. *Oeuvres complètes.* La Pléiade.

ECO, U. *O fascismo eterno*. Record, 2020.

ENRIQUEZ, E. *As figuras do poder*. Via Lettera, 2007.

ESPOSITO, R. *Communitas – Origen y destino de la comunidad*. Amorrortu, 2003.

FANON, F. *Por uma revolução africana – Textos políticos*. Zahar, 2021.

FERNANDES, F. *A integração do negro na sociedade de classes*. Vol. I. Globo 2008.

FOCILLON, H. *A vida das formas*. Ed. 70, Lisboa, 2001.

GHIRALDELLI JR., P. *História da educação brasileira*. Cortez, 2006.

GOMES, J.B.B. *Ação afirmativa & princípio constitucional da igualdade*. Renovar, 2001.

GORENDER, J. *O escravismo colonial*. Fundação Perseu Abramo, 2016.

HERMET, G. *Culture et démocratie*. Unesco/Albin Michel, 1993.

KANT, I. *Metafísica dos Costumes* [s.n.t.].

JACQUES, F. *Différence et subjectivité*. Aubier/Montaigne, 1982.

JEUDY, H.-P. *Fictions théoriques*. Leo Scheer, 2003.

LEDRUT, R. *La révolution cachée*. Casterman, 1979.

LEDRUT, R. *La forme et le sens dans la Société*. Des Méridiens, 1984.

LESSER, J. *A negociação da identidade nacional – Imigrantes, minorias e a luta pela etnicidade no Brasil*. Unesp, 2001.

LUZ, M.A. *Agadá – Dinâmica da civilização africano-brasileira*. Edufba, 2013.

MAFFESOLI, M. *Homo eroticus – Des communions émotionelles*. CNRS, 2012.

MATTOS, H.M. *Das cores do silêncio – Os significados da liberdade no sudeste escravista*. Nova Fronteira, 1998.

MENEZES, T.B. Um discurso em mangas de camisa. *Jornal do Recife*, 1877 [Livraria São José, 1970].

MOURA, C. *Sociologia do negro brasileiro*. Perspectiva, 1988.

MURUNGI, J. *African philosophical currents*. Routledge, 2018.

NABUCO, J. *Minha Formação*. Biblioteca Nacional [PDF].

NAVA, P. *Balão cativo*. Giordano, 1973.

NORONHA, L.M.R. *Darius Milhaud: o nacionalismo francês e a conexão com o Brasil*. Tese de doutorado. Unesp, 2012 [Disponível em htttp://hdl.handle.net/11449/104021].

OLIVEIRA, E. *Cosmovisão africana no Brasil – Elementos para uma filosofia afrodescendente*. Ibeca, 2003.

OLIVEIRA, F. Capitalismo e política: um paradoxo letal. *O esquecimento da política*. Agir, 2007.

ORTEGA Y GASSET, J. Introito. *As meditações do Quixote* [1914]. Vide Ed., 2019.

PAIVA, R. *O espírito comum – Comunidade, mídia e globalismo.* Vozes, 1997.

PRADO JR., C. *Formação do Brasil contemporâneo (Colônia).* Brasiliense, 1976.

RAMOS, G. *Introdução crítica à sociologia brasileira.* UFRJ, 1995.

RIBEIRO, D. *O povo brasileiro.* Companhia das Letras, 1995.

RIOS FILHO, A.M. *O Rio de Janeiro imperial.* Topbooks/UniverCidade, 2000.

RODRIGUES, N. As belas artes nos colonos pretos do Brasil. *Kosmos*, 1904.

RUFINO, J. *O que é racismo?* Brasiliense, 2005.

SANTOS, B.S. *Reconhecer para libertar – Os caminhos do cosmopolitismo multicultural.* Civilização Brasileira, 2003.

SCHUBACK, M.S.C. *O fascismo da ambiguidade.* UFRJ, 2021.

SIMMEL, G. *Les problèmes de la philosophie de l'histoire.* PUF, 1985.

SODRÉ, M. *Claros e escuros – Identidade, povo, mídia e cotas no Brasil.* Vozes, 2015.

SODRÉ, M. *Pensar Nagô*. Vozes, 2017.

SOHN-RETHEL, A. *Lavoro intelletuale e lavoro manuale – Teoria della sintesi sociale*. Feltrinelli, 1979.

SOUZA, J. *A elite do atraso: da escravidão à lava jato*. Leya, 2017.

TORRES, A. *O problema nacional brasileiro*, 2002 [Disponível em www.ebooksbrasil.org].

WATZLAWICK, P. *Le langage du changement*. Seuil, 1980.

WILSON, J. *Language & the pursuit of truth*. Cambridge University Press, 1967.

WITTGENSTEIN, L. *Investigações filosóficas*. Fundação Calouste Gulbenkian, 1987.

Artigos

BENJAMIM, C. Uma certa ideia de Brasil. *Enciclopédia de Brasilidade*. Casa da Palavra/BNDES, 1988.

CASTRO, R. Patriotices de Oswald. *Folha de S. Paulo*, 06/06/2021.

KERN, G.S. As proposições eugenistas de Roquette-Pinto: uma polêmica acerca do melhoramento racial no Brasil. *XXIX Simpósio Nacional de História contra os Preconceitos: história e democracia*. ANPUH, 2017.

LESSA, C. *A longa marcha pela construção da cidadania.*

Enciclopédia da Brasilidade. Casa da Palavra/BNDES, 1988.

REY, J.-M. O império das palavras. NOVAES, A. (org.). *O esquecimento da política.* Agir, 2007.

Leia também!

Conecte-se conosco:

f facebook.com/editoravozes

◉ @editoravozes

🐦 @editora_vozes

▶ youtube.com/editoravozes

◉ +55 24 2233-9033

www.vozes.com.br

Conheça nossas lojas:

www.livrariavozes.com.br

Belo Horizonte – Brasília – Campinas – Cuiabá – Curitiba
Fortaleza – Juiz de Fora – Petrópolis – Recife – São Paulo

EDITORA VOZES LTDA.
Rua Frei Luís, 100 – Centro – Cep 25689-900 – Petrópolis, RJ
Tel.: (24) 2233-9000 – E-mail: vendas@vozes.com.br